W0376941

Francisca Drechsler/Text Barbara Rohm/Fotografie

Menschen in Sanssouci

Leben und Arbeiten im Weltkulturerbe

h.f.ullmann

Inhaltsverzeichnis

Vorwort

Ein Leben in Sanssouci heißt auch ein Leben für Sanssouci. Die fotografischen und essayistischen Porträts zeigen einige jener Menschen, die in den historischen Gebäuden der als Weltkulturerbe geschützten Landschaftsparks Potsdams leben.

Ohne Wirken gibt es auch kein Wohnen in Sanssouci. Der Schlüssel zum exponierten Wohnort ist in der Regel die Tätigkeit. So arbeiten beziehungsweise arbeiteten die Mieter der Wohnungen etwa für die Friedenskirche, in einem der vielfältigen Gewerke oder in einem der mitunter seltenen, hoch spezialisierten Berufe der sieben Fachabteilungen der Stiftung Preußische Schlösser und Gärten. Die meisten von ihnen standen bereits vor der Stiftungsgründung 1995 für die damalige Verwaltung „Staatliche Schlösser und Gärten Potsdam-Sanssouci" in Lohn und Brot.

„Menschen in Sanssouci" – ein poetischer Titel, welcher das Potsdamer Ensemble Sanssouci mit dem Neuen Garten sowie dem Babelsberger Park eint und welcher sich gestattet, die Pfaueninsel hinzuzufügen.

Die Porträtierenden offerierten den in Sanssouci lebenden Menschen ihren Enthusiasmus, von dieser besonderen Welt erfahren zu wollen, und die Menschen in Sanssouci schenkten ihnen Zeit, Einblick und Vertrauen. Etwa zwei Jahre lang brauchte es für dieses in der Umsetzung erstmalige und aufwendige Projekt, und das Wichtigste war eines: stets in Geduld und im guten Glauben zu verharren.

Die Fotografin Barbara Rohm fing die momentane Wirklichkeit ein. Ihre Bilder wirken autonom und spiegeln wider, wie sich das Antlitz eines Menschen, eines Gebäudes, eines Gegenstandes formte. Unter einem Lächeln oder einer Fassadenoberfläche liegen tiefere Schichten. Wertvolle Fotos entäußern Substanz. Dieser Begriff tritt auch im Zusammenhang mit Geschichte, Wissen, Handwerk und Materialien in Erscheinung. Eine faszinierende Kunst ist es, aus innerer Überzeugung und in sensibler Bereitschaft, dies visuell einzufangen und das atmosphärisch treffendste Bild zu schaffen.

Als Autorin war ich mir dessen vollends bewusst, dass ich mich mit der gewählten Methode von erzählten Rückbesinnungen auf ein streitbares Terrain wagen würde. Zeitzeugen erinnern sich aus der Perspektive ihres heutigen Blickwinkels. Diese Rekonstruktionen sind, da sie nicht anhand von Dokumenten und Tagebuchaufzeichnungen überprüft und damit als wissenschaftliche Quelle gesichert wurden, ein Konzentrat von gewonnenen persönlichen Eindrücken und Erkenntnissen. Ein herausforderndes Experiment, mit den Menschen von Sanssouci gemeinsam den Geschehnissen von deren Leben und Wirken näherzukommen. Auch wenn sich manches widerspricht – es darf.

Alle beteiligten Porträtpartner ließen die Porträtierenden auf freiwilliger Basis in ihr Leben ein. Sie gaben genau so viel von ihrem Wesen, von der Privatsphäre ihrer Räume und von ihrer Arbeitswelt preis, wie sie es als richtig erachteten. Das ist von Anfang an akzeptiert worden und verdient großen Dank!

Die in den Ruhestand gegangenen Erzähler unterscheiden sich von ihren aktiven Kollegen durch eine gewisse Distanz zu den Ereignissen. Die heute Tätigen stehen mitten im Leben und sind mit den Herausforderungen großer Umbrüche konfrontiert. Zudem fällt auf: Die Menschen kamen von überall hierher. Viele von ihnen durften vor allem in den 1970er- und 1980er-Jahren auf eine kontinuierliche Weise längere Zeiträume für sich und ihre Arbeitsinhalte beanspruchen. Dies ermöglichte auf wohltuende Art ein langsames Wachsen, die Muße eines intensiven Studiums sowie ein Vertiefen in die Materie. Neben profundem Wissen formte sich Identität. Tschingis Aitmatow schrieb einst: „Man weiß doch: Arbeitsbedürfnis ist ein unerlässliches Kriterium menschlicher Würde. Ein Arbeitsmensch in diesem Sinne … gehört zu jenen, auf deren Schultern, wie es heißt, die Welt ruht. Fest ist er, soweit ich das übersehe, mit seiner Epoche verbunden, sein Wesenszug ist das …"

Von den Menschen zu den Häusern. Sie haben jegliche Aufmerksamkeit und Pflege verdient. Und der Wunsch gilt ihnen für die nächsten Jahre, Jahrzehnte, Jahrhunderte. Jede Zeit sucht sich ihre Möglichkeiten. Schöpft sie aus. Oder Dinge gehen unter. Die historischen Wohnhäuser sind für ihre Verwalter und Bewahrer seit mindestens 1945 gezwungenermaßen nicht Lieblingskind, sondern auch eine Last im großen Auftrag der Erhaltung des seit 1990 anerkannten Weltkulturerbes. Die Komplexität der damit verbundenen notwendigen Entscheidungen steht außer Frage. Da nie genügend Kapazität und Geld vorhanden sind, bleibt ein stetiger Zwiespalt: Wenn man für das eine gibt, nimmt man dem anderen weg. Das ist eine existenzialistische Frage.

Wie wird es weitergehen? Alle Bewohner bezeugen eine starke Verbundenheit und damit auch eine gefühlte Verantwortung ihrer Heimstatt gegenüber. In Wort und Tat. Sie unterliegen neben der persönlich formulierten Aufgabe automatisch dem Stiftungsauftrag und dürfen als Mieter in letzter Konsequenz nicht über Gegenwärtiges und Künftiges in ihren Räumlichkeiten entscheiden. Die Wertschätzung der hier gelebten Lebenszeit scheint sich in diesem Spannungsbogen zu potenzieren. Ein Leben in Sanssouci.

Francisca Drechsler

Auf der Orgelempore in der Friedenskirche Potsdam-Sanssouci: Iselore Hartmann blättert – hier bei einem Orgelkonzert an der Woehl-Orgel – Matthias Jacob als langjährige Begleiterin noch im hohen Alter die Notenblätter um.

Matthias Jacob
Kirchenmusiker und ehemaliger Kirchenmusikdirektor

„Bei so einer Traumstelle ist er halt geblieben."

Küsterhaus

Am Grünen Gitter. Gäste, Anwohner und Bedienstete passieren. Damals wie heute. Friedrich Wilhelm IV. ließ es Mitte des 19. Jahrhunderts im Zuge der Erbauung der Friedenskirche, des Pfarr- und des Schulhauses von seinem früheren Standort auf der Höhe der Villa Liegnitz versetzen. Zudem verwandelte sich das schlichte Holztor in ein stattliches, pompös goldverziertes Portal. So beschreibt es ein havelländischer Erzähler in „Rings um das Grüne Gitter", einem Potsdamer Tageszeitungsartikel von 1925 in Form eines virtuellen Spaziergangs durch Sanssouci. Bereits ab 1850 gibt es zu baulichen Entwicklungen des Gitters erhaltene Nachforschungen in der Plankammer der Stiftung. Beim Eintritt in den Park steht man wunderbarerweise immer noch vor diesen Bauwerken. Rechter Hand sieht man das Schul- und Pfarrhaus. Linker Hand das um 1873 von Reinhold Persius erbaute Küsterhaus. Das Grüne Gitter verbindet die Gebäude zu einem Ensemble. Die in alten Schriften erwähnte Lindenallee zieht sich heute als Kastanienallee in Richtung Schloss.

Matthias Jacob lebt seit April 1981 in „der schönsten Organistenwohnung" Deutschlands. Sie befindet sich im Parterre des Küsterhauses. Könige und Kaiser müssen es so bestimmt haben. Diese Küsterwohnung befand sich nie in Kirchenbesitz, aber immer schon in kirchlicher Nutzung. Der letzte Küster, Herr Goschnik, war ein sogenannter Zwölfender aus der Reichswehr der Weimarer Republik, ein Soldat mit zwölfjähriger Dienstverpflichtung. Er führte bis zu seinem Tode mit „harter Hand" das Regime, erzählt Herr Jacob. Persönlich haben sie sich nie treffen können. Die Wohnung stand im April 1981 bereits leer. Damals wurde sie hergerichtet. Fast sämtliche Öfen verschwanden. Doch einer von ihnen überlebte, ein Berliner Kachelofen aus dem 19. Jahrhundert, und verleiht dem Arbeitsraum mit seinen gepflegten Holzdielen, dem antiken Schreibtisch und dem Flügel eine bürgerlich-musische Ästhetik. Von hier aus sieht man die Besucher Sanssoucis auf das Grüne Gitter zukommen.

Der 1949 geborene Sohn des Generalsuperintendenten Günter Jacob wuchs in Cottbus auf. Seine ersten frühkindlichen Eindrücke sind verhaftet mit sonntäglichen Gottesdiensten und Spaziergängen entlang der Spree. Im Elternhaus, welches den frühen Tod seiner Mutter verkraften musste, erfuhr Matthias Jacob dennoch eine Heimstatt in kulturbürgerlichem Fluidum, in evangelischer Sozialisierung und in der Musik. Dort entwickelte sich seine in die Wiege gelegte Musikalität mit Selbst-

Matthias Jacob

Matthias Jacob

verständlichkeit. Mit zwölf wusste er, welchen Beruf er einmal ergreifen würde: Kirchenmusiker. Schon damals spielte er neben Orgel und Klavier auch Geige und leitete Chöre. Die Musik verknüpfte sich mit dem Glauben in der Weise, dass nicht bestimmbar ist, welcher der beiden Teile stärker wirkt.

Obwohl es Pfarrerskindern weithin verwehrt war, ihr Abitur zu machen, hätte die Chance für Matthias Jacob bestanden. „Menschen, die in der DDR aufgewachsen sind und aus christlich-bürgerlichem Hause kommen, galten nicht als fanatische Aufbauer des Sozialismus. Eine ganze Reihe von Berufen, an die man heute selbstverständlich denken würde, ist von vorherein nicht infrage gekommen. Berufe in der Justiz oder der Lehrerberuf – das war schon schwierig. Geschichte, Philosophie, all diese Richtungen wurden einem versperrt. Sie kamen nicht in das Blickfeld, sodass sich diese Frage enorm einengte. Es lief für Kinder aus diesem Milieu auf Medizin oder alle möglichen kirchlichen Berufe hinaus."

Die Kirchenmusikschule in Halle bildete ihn auf Hochschulniveau zwischen 1965 und 1971 in einem seltenen Beruf mit einer winzigen Berufsgruppe aus. Es gab kleine Institute mit rund 50 Studierenden. Eine Art Biotop mit wenig Zugang zur anderen Studentenschaft. „Wir fühlten uns da sehr wohl. Wir machten es, weil wir es wollten. Heute seh ich das nicht mehr ganz so positiv, weil man in dieser Gesellschaft außen vor war."

Seine beruflichen Aussichten schienen alles andere als rosig. Die jungen Kirchenmusiker antizipierten ihr Berufsende im Sinne des baldigen Ablebens ihres Berufes im sozialistischen Staat. Die Betroffenen fühlten einen allgemeinen Verdrängungstrend Ende der 1960er-Jahre gegen klerikale Einrichtungen aufgrund der Art und Weise politischer Einflussnahme von SED und Staatssicherheit. Zudem zeigt sich Ostdeutschland heute noch weltweit mit seinen 18 % christlicher Bevölkerung als das „absolute Schlusslicht". Ein Überleben der Kirchen im Osten sicherte früher mit großen Summen der Westen. „Der Sozialismus war noch sehr potent und von weltweitem Erfolg. Wir haben im Ghetto gelebt. Hinter den Mauern kann man auch gut leben. Aber man muss wissen, dass man vom eigentlichen gesellschaftlichen Leben ausgeschlossen ist. So war es eben auch."

Kirchliche Stellen wurden vergeben. So nahm Matthias Jacob eine in der lebensgefährlichen, ökologischen Katastrophe Bitterfeld an und blieb dort zehn Jahre. Er freute sich als 23-Jähriger auf seine Arbeit und auf die schöne Orgel. Außerdem erhielt er eine „A-Stelle", die höchste erreichbare Gehaltsstufe. Ein Glücksfall, zumal die Bezahlung bei einem kirchlichen Arbeitgeber nicht üppig ausfiel. Seine Erinnerungen an diese Zeit sind positiv. Es ist der Beginn seines Lebenswerkes, welches mit der Gründung einer eigenen Familie zusammenwächst.

Klavierbaumeister Silbermann aus Potsdam rief Ende August des Jahres 1980 an. Es ging um die Leitung des Oratorienchores, eines traditionsreichen Unternehmens für die Menschen der Stadt. Außerdem wurde die Kirchenmusikerstelle der Friedensgemeinde frei. Angesichts von drei bis vier Anwärtern zog die Suche größere Kreise. So bewarb sich Matthias Jacob mit dem Entschluss, neue Möglichkeiten und progressive Veränderungen probieren zu wollen.

Er wurde bereits im September 1980 eingestellt und herzlich empfangen. Seinen Wechsel von Bitterfeld nach Potsdam beschreibt er mit den Allegorien Hölle und Paradies. Was für ein Kontrast! Zudem ist die Friedenskirche ein belebter, offener Raum. Zu jeder Zeit gab es hier ein Gemeindeleben. Die Anzahl der Gemeindemitglieder steigt inzwischen wieder. Heute sind es rund 1.600. Ein wichtiges Merkmal der Friedenskirche ist, dass sie als integrierter Bestandteil im UNESCO-Kulturerbe ihren Platz mit einer repräsentativen Rolle einnimmt. Pfarr- und Schulhaus, Kreuzgang und Atrium, Mausoleum und Säulengang am Teich geben dem Gotteshaus seine Einbettung. Touristen aller Herren Länder kommen hierher. Sie erhalten historische Informationen wie diese, dass der königliche Erbauer auch den Namen der Kirche wählte: Friedenskirche. Zitiert sei ein handschriftliches Schreiben von seiner Majestät an den evangelischen Bischof mit den Worten: „Es scheint mir passend, eine Kirche, welche zu dem Palast-Bezirk gehört, der den Namen ‚Ohne Sorgen' trägt, dem ewigen ‚Friedefürsten' zu weihen, und so das weltlich negative ‚ohne Sorge' dem geistlich positiven ‚Frieden' zu entgegnen oder vielmehr gegenüberzustellen." Matthias Jacob weiß, dass „Friedrich der Große in modernem Sinne Atheist war und sein Nachfolger Friedrich Wilhelm IV. ein frommer, christlich sehr engagierter Mann. Die Errichtung der Friedenskirche wurde zum Statement, zum Gegenentwurf eines ‚ohne Sorge'."

Ohne Sorgen blieb Matthias Jacob mit seiner Familie im Küsterhaus nicht. Genau gegenüber befand sich die Parkwache. „Da waren damals eine ganze Menge feindseliger Leute darunter. Atmosphärisch verhielt sich das so: ‚Ihr Kirchenleute könnt froh sein, wenn ihr hier sein dürft.' Wir waren Menschen zweiter Klasse. Das war eindeutig. Subtil war es immer da. Ich empfinde die Wende nach wie vor als eine große Befreiung." Bei Fragen, wie das Leben in der Stadt Potsdam auf ihn wirkte, geht er weiter in der Geschichte zurück: auf den totalen Bevölkerungsaustausch nach 1945. Im eigentlichen Potsdam wies man Adel und Militär aus. Der Adel und das konservative Bürgertum hatten bis dahin das Klima bestimmt. Bis 1947 sah man zu, in den Westen zu kommen. Dafür kamen „die Roten". Einen typischen Potsdamer Geist gibt es hier nicht. Da ist nichts kontinuierlich gewachsen. Selbst das Militär war schon immer nur auf Zeit hier. Zudem ist Potsdam eine Kleinstadt. Potsdam und Babelsberg sind getrennte Zentren. Eine kleine Hofstadt sollte sich mit der Kleinbürger- und Arbeiterstadt verbinden.

Eine ganze Reihe von „Gartenleuten" hat im seit 1957 bestehenden Oratorienchor unter Matthias Jacobs Leitung mitgesungen.

Berührungen und gute Verbindungen außerhalb der Gemeindekantorei gab es auch. Eine ganze Reihe von „Gartenleuten" hat im seit 1957 bestehenden Oratorienchor mit etwa 120 Mitgliedern, den Matthias Jacob seit seiner Ankunft leitete, mitgesungen. Herr Eisbein, Herr Hamann, Herr Schurig, Herr Weiß und Herr Gerlitz – alle im Tenor. Weitere Berührungspunkte sind entstanden, als die Kirche mit dem Denkmalbereich kooperieren musste. Alles Bauliche, auch in der Innengestaltung, wurde mit Herrn Dorst, Abteilung „Baudenkmalpflege/Forschung", beraten. Als die Orgel der Friedenskirche gebaut wurde, wirkte Frau Dr. Gabriele Horn, die Stiftungskonservatorin, maßgeblich mit.

Außerdem führte Matthias Jacob noch einen anderen, übergemeindlichen Kammerchor, einen Vokalkreis, dessen Konzerte hauptsächlich in der Friedenskirche stattfinden und sich mit ihr verbinden lassen. Darin singen Menschen aus der ganzen Stadt, aus der Umgebung, auch Leute ohne Konfession. Zwei Mal im Jahr standen das Sonderprojekt „choro campanile" sowie der Internationale Orgelsommer auf dem Programm, und zudem Woche für Woche Jacobs sonntägliches Orgelspiel zu den Gottesdiensten. Als Instrumentalist mochte er auch auf seine täglichen zwei Stunden Üben nicht verzichten. Jeden Vormittag spielte er drüben in der Kirche. All das bereitete Unmengen von Arbeit. Talent und Kraft zum Management war die Voraussetzung, ohne eine Sekretärin die Dinge zur Umsetzung zu bringen. Jeder Selbstständige weiß, wie schwer das Organisieren auf die Inhalte drückt. Wie viel Lebenszeit in die Überlegungen über das Wie und Womit entschwindet. „Selbstausbeutung", sagt er. In seinem Sonderbereich wirkte er weitgehend autonom. Mit all den Stadtpfarrern und Superintendenten der vergangenen Jahre verhielt es sich gutartig und angenehm. Innerhalb der 32 Dienstjahre erlebte er „den alten Superintendenten Viehbeck, dann Schmiechen, Herrn Althausen und Dr. Zehner". Zum 50-jährigen Bestehen des Oratorienchores kramte Matthias Jacob in alten Unterlagen. In den Papieren stieß er immer wieder auf sich selbst und konnte sich an nichts mehr erinnern. Ob eine derartige Verweildauer wirklich ideal ist? Bei so einer Traumstelle sei er halt geblieben.

Während einer Chorprobe des von Matthias Jacob gegründeten „Vocalkreises Potsdam" in der Friedenskirche. Im Hintergrund leuchtet die Altarapsis mit einem italienischen Goldmosaik aus dem frühen 13. Jahrhundert.

Matthias Jacob

Wie wird es weitergehen? In den über 30 Jahren kam nie die Sorge auf, dass es keinen Nachwuchs mehr geben wird. Aber es könnte mehr sein. Hoffnungslos ist es nicht. Gerade in Potsdam gibt es eine Vielzahl an Musikinteressierten und dafür entsprechende Räume. Für Studenten und Schüler bietet man ermäßigte Preise an, die für Oratorienaufführungen in der Friedenskirche auch genutzt werden. Schwägerin Juliane Sprengel ist Sängerin und arbeitet einfühlsam mit den Kindern, die zu ihr kommen. Das liegt Matthias Jacob nicht so sehr. Schwierig ist für ihn die Frage zu beantworten, warum insgesamt immer weniger junge Menschen der Klassik gegenüber aufgeschlossen sind. Er hat immer wieder darüber nachgedacht. Gesellschaftliche Umschichtungen spielen sicher eine Rolle: „Vor 100 Jahren spielte ein deutscher Mediziner mindestens ein klassisches Instrument. In den Haushalten der bürgerlichen Schicht stand überall ein Klavier oder ein Flügel. Man spielte Klavier. Darüber bekam man automatisch zur klassischen Musik als Materie einen gewohnten Zugang. Die aktuellen Kompositionen waren bis in die 20er-Jahre hinein, bis zu Richard Strauß, Gegenstand des Tagesinteresses einer alten bürgerlichen, kulturinteressierten Schicht. Was heute auf dem Sektor der klassischen Moderne komponiert wird, interessiert nur noch einen winzigen Kreis von Eingeweihten. Das spielt heute keine Rolle mehr. Zu über 90 % bewegt sich klassische Musik in der Vergangenheit und spricht keine breiten gesellschaftlichen Schichten mehr an." Er sieht es in einer Art distanzierten Bedauerns.

1992 erhielt Matthias Jacob den Titel des Kirchenmusikdirektors. Er wurde aufgrund seiner besonderen Verdienste dafür vorgeschlagen. Die Kirchenleitung entschied es positiv. In anderen Landeskirchen wird man Kirchenmusikdirektor aufgrund des Amtes. Jeder einer Superintendentur zugeordnete Kirchenmusiker ist dann automatisch Kirchenmusikdirektor. Der Nachfolger von Matthias Jacob wird sich den Titel auch erst erarbeiten müssen.

Im Oktober 2013 war es dann soweit. Am 31. brach der letzte offizielle Diensttag an. Nach 42 Jahren des Musikschaffens schaut Matthias Jacob nun zurück und bemerkt, wie lang und kurz gleichermaßen die Strecke ausgefallen ist, wie schnell die Dinge vergehen, wie sehr man sich darum bemühen sollte, sein Leben intensiv zu leben. Auch dass er die Jahre in friedlichen Verhältnissen verbringen durfte, verursacht in ihm große Dankbarkeit.

Seine Ämter hat Herr Jacob komplett aufgegeben. Ein Neubeginn sollte durch ihn nicht beeinflusst werden. Jeder prägt die Dinge anders. Alles ändert sich. Als Preuße habe er gelernt, seine Gefühle den Entscheidungen unterzuordnen. Wie hieß es in seiner Jugend immer? Nur keine Emotionen! Haben oder zeigen? Bei dem Übergang standen ihm Musik und Glauben – in welcher Reihenfolge auch immer – gewiss zur Seite. Eine Konstante bleibt dem Kirchenmusikdirektor a. D. mit Sicherheit: ein Leben im Küsterhaus Am Grünen Gitter – in Sanssouci.

Hilde Dickau

Hilde Dickau
Landfrau und Kutscherin

„Mutter Toppe“

Ananashaus

Mecklenburger Landfrau ist sie, aus echtem Schrot und Korn. Sie überwältigt einen mit ihrer geerdeten, dunklen Stimme nebst Akzent und ihrem typischen innig-geweiteten Lachen. Dieses herzhafte Ja zum Leben wirkt einnehmend, besonders vor dem Hintergrund eines schweren Arbeitslebens, angesichts ihrer persönlichen Verluste und Erkrankungen. 1940 ist ihr Geburtsjahr. Sie wurde in Plagsdorf, einem kleinen Dorf nahe Neubrandenburg, geboren. Die Eltern lebten in Passentin. Es herrschte Krieg. 1943 fiel ihr Vater. Nach sechs besuchten Klassen verließ sie die Grundschule und kümmerte sich um das Korn und um das Vieh. Hühner hüten, Kühe melken, Scheunen und Ställe ausbauen helfen – so sah ihr Tagewerk aus. Zuerst auf dem elterlichen Hof, dann im Dorf, später in der frisch gegründeten Landwirtschaftlichen Produktionsgenossenschaft (LPG). Wenn irgendwo irgendjemand fehlte, wurde sie an dessen Stelle als „Springerin“ eingesetzt. Dann „sattelte“ sie ihr Fahrrad und fuhr bei Wind und Wetter auf unbefestigten Lehmwegen oft kilometerweit zu ihren Einsatzorten. Im Rückblick gibt es dazu viele gute Erinnerungen, war es doch ein gesellschaftlicher Aufbruch gewesen. „Arme Verhältnisse“ räumt sie immer mal wieder am Rande ein. Arme Verhältnisse auf dem Land ließen bei heranwachsenden Mädchen eher bescheidene Träume aufkommen. „Keine Zeit!“, heißt es dann. „Wir hatten keine Zeit zum Denken und Träumen! Die Tiere im Stall, die Saat auf dem Feld. Die Jahreszeiten, die Festtage, das Räderwerk eines Jahres drehte sich schnell.“

In der ersten Klasse, sie lief in Holzschuhen sommers wie winters 3 km nach Mallin zur Schule, dort wurde noch in plattdeutscher Sprache gelernt. Danach musste sie umdenken. Hochdeutsch in richtiger Niederschrift ist bis heute kein Leichtes für sie. Die Schauspieltruppe, der sie sich anschloss, führte für die ländliche Bevölkerung kleine Stücke in Platt auf. Zu diesen Aufführungen gibt es noch eine ganze Menge, inzwischen sepia verfärbter, aufbewahrter Zeitungsartikel im Dickau-Haushalt. Hilde, geborene Weihmann, spielte im Fritz-Reuter-Stück „Keen Hüsung“ (keine Heimat) Mutter Toppe, die sich eines zusätzlichen, fünften, eines „verlorenen“, fremden Kindes uneigennützig annimmt. Die Rolle sitzt. Einige Dialoge kommen wie aus der Pistole geschossen. Wie viele Jahre sind seither vergangen? Gefühlt liegen wohl kaum Wochen zwischen dem Gestern und dem Heute. Die Geschichte veranschaulicht das mit dem Ersten Weltkrieg untergegangene Zeitalter der Gutsbesitzer in Mecklenburg. Ein solcher schwängert im traditionellen Selbstverständnis alle in seinem Dienst stehenden Bräute. Es kommt ein Bräutigam ins Spiel, der sich wehrt: der Johann. Er sticht mit der Forke zu und muss in Folge nach Amerika fliehen. Seine zurückgelassene Braut stirbt auf dem Feld. Mutter Toppe nimmt sich des eingewickelten Neugeborenen an. Mit diesem Drama „zottelte man von Dorf zu Dorf, spielte, um Geld zu sammeln", erinnert sich Hilde Dickau. Die Schauspieltruppe – innerhalb der Freien-Deutschen-Jugend-(FDJ)-Gruppe organisiert – war viel unterwegs. Von der LPG gab es auch ein sogenanntes Theateranrecht, und so fuhr Frau Dickau einmal im Monat mit ihren Kollegen nach Neustrelitz und schaute sich die dargebotenen Stücke an. Wäre die Schauspielerei beruflich was gewesen? „Ach, vielleicht", meint sie abwägend, „vielleicht." Sicher ist sie sich nicht. Als sie nachher einen Freund hatte, ist es mit der Theaterspielerei sowieso bergab gegangen. Die Arbeit nahm überhand, die Familie forderte Unterstützung. Ihre Eltern waren gebrechlich geworden und brauchten ihre Hilfe. Sie hat sich natürlich gekümmert, und das Leben gibt ihr recht. Dennoch oder gerade deswegen besitzt sie eine überzeugende Bühnenstimme und eine einnehmende, kraftvolle Präsenz.

Von der Landarbeit wollte Hilde weg. Eine Freundin half ihr dabei und holte sie nach Auerbach im Vogtland in die Produktion. Das war jedoch noch vor 1964, bevor sie ihren späteren Mann kennenlernte und heiratete. Er lieferte auch den Grund, warum die beiden nach Babelsberg übersiedelten. Über seinen Onkel, der seinen Armeedienst in Potsdam leistete, kam Herrn Dickau zu Ohren, dass man dort Parkarbeiter suchte. Daraufhin machte sich das Paar auf den Weg.

Den Babelsberger Landschaftspark stelle man sich Mitte der 1960er-Jahre wild verwachsen vor. Ihr Mann fällte hauptsächlich Bäume, „holzen" nennt sie es. „Er hat die Pferde gefahren. Nachher, als er aufgehört hat, habe ich sie gefahren. Wegen des Geldes. Wir hatten nicht viel beim ollen Fritzen!", erzählt sie und meint damit die neuen Verwalter von Sanssouci.

Die Dickaus hatten auch nicht viel in ihrer Bleibe. Die erste befand sich im Havelhaus: ein Zimmer für zwei unterm Dach. Möbliert war es mit Tisch und Stuhl, einem Bett, einem Schrank und einer Stehlampe. Hilde kochte auf dem Flur. Wenn die Kartoffeln gar waren, stellte sie den Topf in ein Handtuch gewickelt ins Bett. Wenn ihre Nachbarn, die Schneiders, nicht zu Hause waren, dann musste sie runter zur Waschküche steigen, um sich Wasser zu holen. Als sie schwanger wurde, bezweifelte sie, dass dies so weitergehen könne. Sie sehnte sich nach Mecklenburg zurück. Doch ihrem Betrieb, der Staatlichen Verwaltung Schlösser und Gärten Potsdam-Sanssouci, gelang es, Familie Dickau zu halten.

Sie zogen in ein großes Zimmer mit Fenstern zu drei Himmelsrichtungen im Hofgärtnerhaus. Hinterm Schrank stand das Kinderbett für das Söhnchen, welches 1965 zur Welt kam. Die Dickaus teilten sich mit Familie Haubitz und Familie Kuckel das Bad auf der Etage. Heute steht das traumhafte Cottage leer. In den Räumen verweilend, kommen Hilde Dickau Erinnerungen an Menschen, die hier seit geraumer Zeit nicht mehr und schon gar nicht mehr unter den Gegebenheiten von damals leben. Einfließendes Spätsommerlicht taucht die Räume hinter den seltsam steifen Gardinen in eine tiefe Versunkenheit.

1966 wechselten die Dickaus in das Kutscherhaus. Das heute zu einem Gebäude verbundene Ensemble war damals noch geteilt. Zwei Wohnungen gab es, mit einer separaten Waschküche und einem Plumpsklo hinterm Haus. Es dauerte nicht allzu lange, bis sich deutlich abzeichnete, dass sich die Nachbarn nicht verstehen würden. Auf so engem Raum ist dies jedoch eine unverzichtbare Notwendigkeit. Es gab schon mit den vorherigen Bewohnern Probleme. Immerhin wurden es zehn Jahre, die man gemeinsam ertrug, denn erst 1976 zog die Familie Dickau weiter nach Sanssouci, in das Ananashaus im Ananasrevier. Das Kutscherhaus mit Garten sei trotz allem ihr schönster Lebensort gewesen, meint Hilde Dickau schwärmerisch, besonders nach dem kleinen Ausflug im Sommer 2013, der sie auf das inzwischen sehr gepflegte, leicht ansteigende idyllische Anwesen führte.

Durch einen Sturz auf der Treppe im Ananashaus ist Hilde Dickau im Jahre 2010 wahrscheinlich zum letzten Mal in ihrem Leben umgezogen, nämlich eine Etage tiefer. Sie kann schwer laufen und lag deshalb lange im Klinikum. Auch den frühen Tod ihres Mannes mit nur 49 Jahren musste sie verkraften lernen. Er war die große Liebe in ihrem Leben. Das erkennt man rasch an dem Ausdruck ihrer Augen. Dennoch blieb sie nicht allein. Sie will sich innerhalb einer Partnerschaft kümmern und braucht den sozialen Austausch. Ihr Wesen zeigt Geselligkeit und Mütterlichkeit. Hilde scheint so eine Art „Mutter Toppe“ zu sein, hätte sie doch auch gern noch ein kleines Mädchen, eine Elke, zur Welt gebracht.

Ob nun als Landarbeiterin in Mecklenburg, in Auerbach oder hier: Hart gearbeitet hat sie ein Leben lang. Als ihr Mann es nicht mehr konnte, übernahm sie die Zügel des Pferdegespanns. Sie wurde Kutscherin und fuhr bei Wind und Wetter zum Holzen. Insgesamt sechs Frauen waren es, die sich unter der Regie von Gartenleiter Karl Eisbein im Babelsberger Park darum bemühten, die alten Eichen rings um die Gerichtslaube herauszuziehen. Pfahlwurzeln haben es ihnen besonders schwer gemacht. Den Spaten in die Erde gerammt, um die Wurzeln weitestgehend freizulegen, und mithilfe einer Kette am Wagen ging es los. Die herausgezogenen Stämme stapelten sie auf ihren Wagen und fuhren anschließend – nicht gerade ungefährlich – den Hügel abwärts zur Feuerstelle, die sich hinter dem ehemaligen Sportplatz in der Nähe des Mühlentors befand. Das Mühlentor gibt es heute nicht mehr. Bei Dreharbeiten der DEFA für den Film „Krieg und Frieden“ sei ein Panzer dagegen gefahren. Es muss daraufhin in sich zusammengefallen sein und wurde bislang nicht rekonstruiert. Am Kindermannsee fällte die Truppe etwa 700 Bäume, erinnert sie sich. Das Holz brachte man in die Tuchmacherstraße zur Schule. Dort betreuten sie eine Patenklasse.

Hilde Dickau glaubt, dass ihr die politischen Verhältnisse in der DDR gute Lebensbedingungen gewährleisteten. Aus einfachsten Verhältnissen kommend, engagierte sie sich gern. Sie fühlte sich teilhabend und gebraucht. Sie stellte auch keine materiellen Ansprüche. Überall herrschte Mangel. Die Regierenden dieser Zeit forderten „die richtige Einstellung“ zur Arbeit, gaben dafür strenge Strukturen vor und riefen dazu auf, für das Ideal einer vom Kapital befreiten, humanistischen Gesellschaftsordnung mit wenigem zufrieden zu sein. Erst nach dem Mauerfall wurde sie damit konfrontiert, dass Menschen aus dem deutschen Land hinter der Grenze ihre Lebensbedingungen beschreiben und bewerten. Dies verunsichert, und sie bewahrt dazu eine Distanz.

Ein Plan vom Ananasrevier zeigt Ananastreibhäuser hinter der Mauer zur Allee nach Sanssouci, dazu das zweiteilige Gebäude der sogenannten Hofgärtnerei. Heute ist allerdings nur noch der linke Teil des Gebäudes, das Ananashaus, vorhanden. Hinter dem Haus befanden sich parzellierte, private Kleingärten. Den Abriss des Gebäudeteils vermutet Hilde Dickau Mitte der 1970er-Jahre. Ganz sicher ist sie sich in ihrer zeitlichen Einschätzung nicht.

Das Leben fügt hier zusammen, was zu anderer Zeit nicht zusammengehört hätte. Die persönlichen Geschichten von Hilde Dickau sind mit der Geschichte des Ananashauses eigentlich nicht kompatibel. Sie ist keine Hofgärtnerin gewesen und hat ihre Zeit nicht mit dem Ziehen exotischer Früchte verbracht, ist nicht gereist, schon gar nicht weit, hat nicht „studiert“. Ihr Universum hieß Babelsberg und Sanssouci. Männerarbeit war ihre Welt. Sie hat sich nicht geschont. Wenn sie einem mit ihrer erdigen Stimme laut aus dem Küchenfenster zuruft, dass sie gleich käme, um mit dem alten Eisenschlüssel die Haustür aufzusperren und Einlass zu gewähren, kommt der Gedanke, dass Hilde Dickau es ganz sicher verdient hat, im Herzen der Stadt, inmitten der kultivierten Gärten, in einfachster Ausstattung, neben dem ehemaligen Kirchenmusikdirektor Jacob im Küsterhaus und in guter Nachbarschaft mit den Menschen in der Villa Liegnitz und in der Villa Illaire ihren Lebensabend zu verbringen.

*Das Leben fügt hier zusammen,
was zu anderer Zeit nicht zusammengehört hätte.*

Hilde Dickau bewohnte zeitweilig auch das Havelhaus, das Kutscherhaus sowie im Jahre 1965 das Hofgärtnerhaus im Babelsberger Park. Rund um das zuletzt genannte Haus entstanden diese Fotografien.

Ihre damaligen Räumlichkeiten in der ersten Etage mit einer verwunschenen Aussicht in drei Himmelsrichtungen sind momentan nicht mehr bewohnbar.

Harald Berndt

Harald Berndt
Kartograf, Schlossbereichsleiter Schloss Cecilienhof

„Ein Kastellan zweier Häuser“

Gehilfenhaus der Villa Illaire

„Ich möchte nicht in dem Schloss wohnen, in dem ich arbeite!“ Es ist die klare Aussage von Harald Berndt, dem Kastellan des Schlosses Cecilienhof im Neuen Garten. Er hätte sich darum bemühen können, die Wohnung privat zu beziehen, in welcher heute seine Diensträume eingerichtet sind. Sie sind unweit des offiziellen Eingangs gelegen, und so kann der Hüter des Hauses schnell an der Kasse sein, um Gäste zu begrüßen oder um mit seinen Empfangsdamen und Schlossführern in Austausch zu treten. Herr Berndt ist ein Mensch, den man heutzutage einen Netzwerker nennt. Er kommuniziert liebend gern und versteht es, den wesentlichen und den nebensächlichen Dingen Zusammenhänge zu verleihen. Sein ausgezeichnetes Gedächtnis trägt dazu bei, als „lebendige Erinnerung seiner Epoche im Cecilienhof“ gern und häufig befragt zu werden. Er ist kein ausgebildeter Kunsthistoriker, sondern von Hause studierter Kartograf. Sein Fleiß, sein Interesse und seine Agilität sowie eine Notsituation haben ihm dazu verholfen, dass er alsbald Förderung im Sanssouci-Gefüge erfuhr und ihn seine Fachbereichsleitungsaufgabe seit 1994 mit ihren Höhen und Tiefen erfüllt.

Schloss Cecilienhof bündelt geschichtlich gesehen und auf den knappsten Nenner gebracht noch vorhandene Wertstücke des letzten Kronprinzenpaares der Hohenzollern und die Ereignisse rund um die Potsdamer Konferenz. Ein enormer Spannungsbogen, den man in einer Überarbeitung der Dauerausstellung im Jahre 2012 mit großzügigen Mitteln der Landesregierung anschaulich herausarbeitete. Konzeptionell federführend dabei war Berndts Stellvertreter, Matthias Simmich, Historiker, doch Harald Berndt unterstützte ihn dabei maßgeblich. Er stellte betriebliche Kontakte her, arbeitete engagiert zu und beteiligte sich an den Absprachen mit dem Gestaltungsteam. Wenn wieder eine Etappe im längeren Prozess genommen war, hat er ganz genau hingesehen und darüber diskutiert. Auf seine Fahnen schreibt er sich diese Ausstellung nicht, aber anhand ihres Beispiels wird deutlich, wo er seine persönlichen Stärken und Möglichkeiten einordnet. Zu seinen Vorteilen zählt er in jedem Falle, dass er bereits viele Wechsel sowie Änderungen im Haus miterlebt und sich immer dafür interessiert hat, auch für die Kleinigkeiten, für die Verborgenheiten, die das Haus besitzt. Herr Berndt war dabei. Er

Winterliches Morgenerwachen auf dem Belvedere des Pfingstberges. Harald Berndt betreut es verwaltend neben dem Schloss Cecilienhof, der Grotte und der Borkenküche im Neuen Garten sowie der Villa Quandt in der Großen Weinmeisterstraße.

hat gesehen, gehört, er stand daneben. Auf diese Weise kennt er das Schloss Cecilienhof mit all seinen Hintergrundgeschichten am besten.

Cecilienhof unterscheidet sich von den anderen preußischen Schlössern der Stiftung grundlegend. Es ist das letzte Schloss der Hohenzollern und wurde zwischen 1913 und 1917 erbaut. Säle, Einrichtungen, Dekorationen, Schätze und deren einstige Besitzer bilden hier einen Teil des Gezeigten. Innerhalb der Geschichtsvermittlung steht die Dreimächtekonferenz im Zentrum. Hier gerät das Museum zu einer richtigen Begegnungsstätte. Es ist ein Ort der Auseinandersetzung. Hierher kommen Menschen, die in den offiziellen Führungen auch Widerspruch erheben. Sie sagen „Vertreibung" zu dem, was ihnen persönlich widerfuhr. Der Wortlaut des Protokolls der Potsdamer Konferenz lautet: „Die ordnungsgemäße Überführung deutscher Bevölkerungsteile" aus den ehemaligen Ostgebieten der Tschechoslowakei, Polens und Ungarns. Harald Berndt schlichtet und vermittelt: „Lasst den Menschen ihre Meinungen!", sagt er in derartigen Disputen seinen jungen Schlossführern, „Sie haben es ganz anders erlebt, sie müssen es so sehen! Ihr gebt ihnen mit auf den Weg, was im Protokoll steht."

Es ist ein Ort der Auseinandersetzung. Hierher kommen Menschen, die in den offiziellen Führungen auch Widerspruch erheben.

Harald Berndt begann 1987, für die Schlösser und Gärten zu arbeiten. Freiwillig unfreiwillig, da politisch-ideologisch ausgeübter Druck innerhalb seines Arbeitsverhältnisses dem jungen Mann zu schaffen machte. Er flüchtete: Nicht nach Westdeutschland, sondern innerhalb der Mauer in einen anderen Job. Michael Heinroth, ein guter Freund und gleichsam Hausmeister des Neuen Palais, wusste, dass die Neuen Kammern wieder eröffneten und dafür Schlossführer gesucht wurden. Zwei Monate, genau benannt der Januar und der Februar des Jahres 1987, wurden ohne Arbeit zum bedrückenden Schwebezustand. Arbeitslosigkeit war in der DDR für die Betroffenen eine schwerwiegende Lebenssituation. Man musste sich selbst krankenversichern, von Erspartem leben und sich aufgrund des Makels der vermeintlichen Asozialität bzw. des allgegenwärtigen, aber unausgesprochenen Vorwurfs, dass „da etwas faul an der Geschichte" sei, stets und ständig erklären und rechtfertigen. Betriebe – so auch die Staatlichen Schlösser und Gärten – unterlagen in ihren Personalentscheidungen der sogenannten Kaderabteilung und deren politisch-ideologischen Maßgaben. Harald Berndt wurde mit dem Versprechen, sich loyal zu verhalten, von Herrn Streidt, dem Leiter der Museumspädagogischen Abteilung, als Schlossführer eingestellt. Sie konnten sich aufeinander verlassen, und Harald Berndt erhielt Hilfe. Der stellvertretende Generaldirektor, Dr. Schönemann, setzte sich damals auf der Führungsebene maßgeblich für ihn ein.

Im Neuen Palais ging es los, bald darauf führte er eineinhalb Jahre durch die Neuen Kammern. Schlossführungen im selben Haus können mit der Zeit stupide werden, mutmaßte er, und so setzte sich Harald Berndt zum Ziel, sich annähernd alle Schlösser zur Abwechslung und Erhaltung der eigenen Flexibilität anzueignen. Nach den Neuen Kammern folgte das Schloss Sanssouci und wenig später eine Sonderausstellung im Neuen Palais. 1988 zeigte man dort eine Exposition über den „Großen Kurfürsten", und Herr Berndt arbeitete sich kurzfristig in eine Führung zur Thematik ein. Im Nachhinein bewertet er sie als etwas Besonderes, Herausragendes, sie sei im Vergleich zu anderen individueller und intensiver gewesen. Diese gleichermaßen fachlich-fundierte und positive Energie auf den Punkt zu bringen und zu vermitteln, musste Kreise gezogen haben. Denn kurz darauf wurde er vom damaligen Schlösserdirektor, Professor Giersberg, gefragt, ob er sich vorstellen könnte, die stellvertretende Leitung des Schlosses Sanssouci zu übernehmen. Eine Chance, und erst einmal die einzige Chance, die sich bot, um wieder einen Schritt weiterzukommen. Das Risiko ist er eingegangen, auch wenn er dabei Vorwarnungen seiner Kollegen vorbehaltsfrei in den Wind schlug. Er mochte sich seine eigene Meinung bilden und hat es getan. Dass es

Die Nutzung des Schlosses, insbesondere während und nach der Potsdamer Konferenz 1945, zog wesentliche Veränderungen in einigen Räumen bezüglich ihrer ursprünglichen Ausstattung nach sich. Harald Berndt steht hier im Erker des ehemaligen Schreibkabinetts der Kronprinzessin Cecilie bzw. im späteren Arbeitszimmer von Josef Wissarionowitsch Stalin.

Harald Berndt ist der Schlossbereichsleiter, der Kastellan, des Cecilienhofes, hier am Fenster im „Kronprinzlichen Frühstückszimmer" verweilend. Neben ihm im Vitrinenschrank Teile des sogenannten Ceres-Service der KPM.

nicht immer leicht werden würde in der Kooperation, Kommunikation und Entscheidungsfindung mit seiner damaligen Vorgesetzten, gehört zu den Erfahrungen, die er sammeln musste, die ihm aber auch das Rüstzeug für seine heutige Tätigkeit mitgaben. Doch dann kam die Wende, und damit eröffneten sich neue Perspektiven. Mit der Überlegung: „Ich bin kein Kunsthistoriker, kein Geschichtswissenschaftler, kein Verwaltungsfachmann, sondern Kartograf", versuchte er den Wiedereinstieg in seine angestammte Branche, doch dieser misslang.

Kurz vor Ostern des Jahres 1994 erhielt er die Anfrage, ob er kurzfristig mehrere Dienste und alsbald darauf die Fachbereichsleitung im Schloss Cecilienhof übernehmen könnte. Die Kastellanin, Frau Heise, war längerfristig krankheitsbedingt ausgefallen, und in der Interimszeit hatte ihr Stellvertreter, Herr Maede, nach Kräften versucht, die Kastellanin zu ersetzen.

Den historischen Begriff Kastellan hatte man in Sanssouci – anstelle des Dienststellenleiters – ab 1989 wieder aufgegriffen und eingesetzt. 16 gibt es insgesamt für alle Schlösser. Seit 2004 sind im Rahmen einer Stiftungsentscheidung die Kastellane verwaltungstechnisch der Abteilung „Schlossmanagement" und die Kustoden der Abteilung „Schlösser und Sammlungen" zugeordnet worden. Bei einer Eingruppierungsüberprüfung des Bundesverwaltungsamtes Ende der 1990er-Jahre fiel die Übersetzung des Begriffs „Kastellan" mit „Hausmeister" den Amtsinhabern schwer auf die Füße. Dergestalt sollte die neue Eingruppierung ausfallen, und neben dem Renommeeverlust wäre eine geringere Vergütung die bittere Konsequenz davon gewesen. Harald Berndt erinnert sich: „Das war eine sehr bedrückende Situation! Wir sind ja nicht nur Öffner und Schließer, wir regeln die gesamte Betreuung des Schlosses, den Besucherverkehr, die Führungen und sind gleichermaßen als Ansprechpartner für Bau- und Restaurierungsmaßnahmen des Hauses zuständig. Und natürlich ist auch die fachliche Seite in der Präsentation des Schlosses von uns mit zu verantworten. Im Selbstbild fühle ich mich als Museumsleiter, der auch alle Details im Besucherverkehr mit bedenkt."

Seit 1994 bewohnt Herr Berndt das Gehilfenhaus der Villa Illaire im Park Sanssouci. Zwischen „seinen beiden Häusern" liegt eine Fahrradstrecke von etwa zehn Minuten Fahrzeit. Während andere stundenlang im Auto sitzen müssen, um zu ihrer Dienststelle zu gelangen, genießt Harald Berndt seinen Arbeitsweg durch die Kleinstadt mit ihren Stadttoren und durch beide Parkanlagen. Gern erzählt er, dass er bereits vor seiner Zeit sehnsüchtig an der Fassade zu den kleinen Fenstern emporblickte und sich fragte, wer wohl in den Gemäuern des Gehilfenhauses wohnen dürfe und wie sich ein Leben hier in Sanssouci anfühlen würde.

Das Ensemble der Villa mit ihrem Garten und dem Bedienstetenhaus wurde um 1845 von Hesse nach Plänen von Persius geschaffen. Er baute das vorhandene Gutshaus für den Kabinettsrat Illaire, seines Zeichens enger Vertrauter und Berater Friedrich Wilhelms IV., um, fügte für dessen Gärtnergehilfen ein Häuschen sowie ein Schleppdach, unter dem die Gartengeräte lagerten, hinzu und ummauerte die Anlage. In den 1930er-Jahren sind im Gehilfenhaus Wohnungen entstanden, der Dachboden wurde ausgebaut und neue Fenster verhalfen zu mehr Licht. Seither gibt es hier Mieter, doch prominente Bewohner sind Harald Berndt nicht bekannt.

Er besichtigte im Sommer 1994 die Wohnung im Parterre des Gehilfenhauses und stellte sofort fest, dass er erstens hier unbedingt einziehen mochte und zweitens umbauen musste. Eine Mitbewerberin wurde durch intensives Argumentieren davon überzeugt, dass Harald Berndt der Richtige für diesen Ort sei. Der Schnitt der Wohnung war ungünstig, doch der Weg war frei fürs Bauen und Werkeln. Über ihm wohnte Frau Binder, eine Kollegin aus dem Neuen Palais, die bereits ganz und gar mit dem Haus verbunden lebte. Aufgrund der Beschaffenheit des Hauses, der Enge, der Hellhörigkeit musste man beizeiten klären, in welcher Form man sich arrangieren konnte. Nach einem deftigen Streit fanden sich beide Parteien bei einer Flasche guten Weines zusammen und schworen sich gute Nachbarschaft. „Wer auch immer hier ein- und ausgeht, das bleibt unter uns!" So blieb es dann auch.

Frau Binder lebt nicht mehr in der oberen Etage des Hauses. Nach ihrem Auszug kämpfte Herr Berndt schwer darum, den Ausbau und damit auch den Erhalt der Dachetage zu erzwingen. Seine Kollegen vom Schirrhof unterstützten ihn dabei redlich. Er ruhte auch nicht, bis endlich die kleine Gartenanlage zwischen den Häusern durch seiner Hände Arbeit wieder erblühte. Neben dem persönlichen Interesse, sich im historischen Ambiente wohlfühlen zu wollen, wurde er davon getrieben, dass bei der Persius-Ausstellung im Jahre 2003 die Villa Illaire als „herausragendes architektonisch-künstlerisches Ensemble" präsentiert wurde. Eine entsprechende Tafel für die Besucher bezeugte dies. Mit dieser Betonung war es keinesfalls mehr zu rechtfertigen, dass sich der Hof in einem derart beklagenswerten Zustand befand. Herr Dr. Wacker von der Gartendenkmalpflege und Herr Berndt legten sich ins Zeug: Der Hof wurde in den alten Strukturen grundlegend umgestaltet, die Rasenfläche neu angelegt, die Pergola erneuert und als Bonus für das Engagement gab es eine kleine Sitzecke auf wassergebundener Decke unter der Akazie.

So sollte Harald Berndt in seinem Berufsleben keine Territorien mehr vermessen und Karten herstellen. Stattdessen wuchs ein Meister der Häuser heran. Ob für die bauliche Materie zuständig, die jeweilige Geschichte ergründend oder dem eigenen Kolorit eines Hauses dienend, formte sich über Jahre in Zuwendung und Arbeit seine Identität. Er ist das gute Gedächtnis der Häuser. Wer mag das wohl sonst von sich behaupten können?

Saskia Hüneke
Kunsthistorikerin und Kustodin für Skulpturen

„Die Hüterin der Skulpturen"

Schreib- und Recherchemansarde im Gartendirektionshaus

Noch als geborene Saskia Pflugbeil bezog sie 1972 kurzzeitig im Küchenflügel des Schlosses Sanssouci in der oberen Etage ein Zimmer von vielen. Früher wohnten dort Angestellte des Hofes. Zu dieser Zeit waren es vor allem der Kirchenmaler und Restaurator Fritz Leweke, Spezialist für große Deckengemälde, sowie die Kunsthistoriker Gerd Bartoschek, der äußerst verdienstvolle Gemäldekustos, und Adelheid Schendel, die lange Jahre die Graphische Sammlung leitete und heute in den Römischen Bädern ein Heim gefunden hat. Herr Bartoschek ist geblieben. Als Einziger. Im Schloss.

Saskia Pflugbeil wuchs im Norden der DDR auf, in Greifswald, und wollte Völkerkunde oder Archäologie studieren. Doch in einem Land, von einer Mauer umstellt, erwies sich dieser Berufswunsch als Illusion. So nahm sie den Ratschlag des Professors für Kunstgeschichte, Nikolaus Zaske, ernst, der besagte: „Bewirb dich in Sanssouci. Probiere, wie sich das anfühlt."

Drei Jahre lang führte Saskia Pflugbeil Besuchergruppen durch verschiedene Schlösser, auch Soldaten der multinationalen Sowjetarmee, auf Russisch. Den Kastellan, die korrekte Dienstbezeichnung hieß damals „Dienststellenleiter", für das Neue Palais durfte sie vertreten sowie in der Graphischen Sammlung erste Schritte im Inventarisieren vornehmen. Es fühlte sich gut an. Besonders beeindruckten die junge Frau die Gespräche und gemeinsamen Exkursionsfahrten mit den Kollegen und Mitbewohnern im Schloss sowie deren Lebensphilosophie, in ihrer Existenz und im Beruf eins zu werden.

Nach ihrem Studium der Kunstgeschichte in Leipzig kehrte Saskia Pflugbeil 1980 auf den Ruf von Dr. Sibylle Harksen, der damaligen Leiterin der Graphischen Sammlung, hin hierher zurück. Doch wohnen wollte sie in der Stadt. Ihre bald mit dem Kunsthistoriker Andreas Hüneke gegründete Familie brauchte eine andere Umgebung. Ihr wurde bewusst: „… je mehr man sich innerlich mit den Parkanlagen verbindet, umso weniger kann man sich erholen, wenn man dort wohnt. Man sieht zu viele Arbeitsaufgaben und kann sich nicht von ihnen lösen. Deshalb

Saskia Hüneke inmitten aus Italien stammenden, marmornen Fassadenskulpturen aus dem Jahre 1747, die den Neuen Kammern zugehörig sind. Nach der Reinigung sind sie (teils verhüllt) zur Restaurierung und Wiederaufstellung bestimmt. Einzelne sollen durch Marmorkopien ersetzt werden.

Poseidon vom Kap Artemision (durch den Zweiten Weltkrieg versehrt). Ein Bronzenachguss nach einer der wenigen erhaltenen griechischen Großbronzen der Antike, 1900, von unbekannter Herkunft.

ist es mir ganz wichtig geworden, in der Stadt zu leben." Durch verschiedene kleine Wohnungen lernte sie die Stadt kennen und lieben. Aber auch hier wuchsen ihr Aufgaben zu. Den Respekt vor dem architektonischen Erbe und der alles umfassenden Kulturlandschaft zu stärken sowie Kultur und Kunst zu fördern, wurden seit der friedlichen Revolution von 1989 zu ihrem „Hobby".

Über die Wohnungen in den historischen Gebäuden Sanssoucis äußert sich Saskia Hüneke zurückhaltend. Mit kontinuierlicher Pflege wird hoher Sanierungsbedarf vermieden, nur reichte das Geld nie dafür aus. Tiefgreifende Sanierungen dagegen können zu Verlusten an der historischen Substanz führen. Bis heute bleibt es ein strittiges Thema, wie das Problem zu bewältigen ist. Die Wohnungen stehen alle im hochwertigen Denkmalkontext. „Vieles ist unverändert, sehr authentisch. Ich bin der Meinung, dass bei den Gebäuden ein anderer denkmalpflegerischer Maßstab angesetzt werden muss als im Stadtgebiet. Dort stellen die verschiedenen Eigentümer und Bewohner unterschiedliche Ansprüche, mit denen sich die Denkmalbehörde auseinandersetzen muss. Besonders in den Gebäuden der Parkanlagen sollte die Eigenschaft des Denkmals aber Priorität behalten. Da ist es gut, eine Bewohnerschaft zu haben, die sich auch innerlich mit dem Denkmalpflegeauftrag identifiziert und mit dem einen oder anderen ‚Mangel' zu leben bereit ist."

In ihrem ersten Berufsjahr fand Saskia Hüneke heraus, dass die Graphische Sammlung nicht wirklich ihrer Mentalität entsprach, und bat den Schlösserdirektor um die Stelle in der Skulpturensammlung. Professor Giersberg reagierte zunächst skeptisch: So ein robuster Posten für diese Frau? Mit der von ihr kuratierten Ausstellung „Plastik der Schinkelzeit" im Schinkeljahr 1981 konnte sie überzeugen und setzte sich durch. Sie bewies nicht allein ihr Können durch eine sehr gute Zusammenarbeit mit den Restauratoren der Skulpturenwerkstatt, sie schrieb auch den Katalog für die Exposition. Im November war es soweit, der Weg war frei.

Wenn Saskia Hüneke heute in ihrer Schreib- und Recherchemansarde im Gartendirektionshaus Gemeinsamkeiten und Unterschiede ihrer Aufgaben innerhalb der zwei erlebten Gesellschaftsordnungen bedenkt und benennt, treten diese am Beispiel der Veröffentlichungen recht plastisch hervor: „Das Papier war knapp, die Kataloge waren klein, dennoch sind sie bis heute wissenschaftlich geschätzt. Nach 1990 sind umfangreiche Ausstellungs- und Bestandskataloge entstanden. Das ist ein Glück und hat den wissenschaftlichen Rahmen sehr erweitert. Einen Gesamtkatalog der kurfürstlichen und königlichen Antiken in dieser Tiefe mit einem ganzen Archäologenteam zu bewerkstelligen, wäre früher kaum denkbar gewesen. Nicht vielen ist bewusst, wie viel Zeit und Energie in diese Arbeiten fließen. Gleichzeitig geht es uns immer um eine gute Vermittlung der Ergebnisse. Kunsthistoriker sehen, empfinden und agieren immer in dieser Doppelrolle. Sie forschen, erläutern und publizieren fachliche Fragestellungen auch stets im Hinblick auf deren Verbreitung. Das ist berufsimmanent, beides gehört zusammen."

Paradoxerweise führte die Mangelwirtschaft der DDR auch zu einer hohen Intensität der Arbeit. Die handwerklichen Restaurierungsmethoden wurden gepflegt, auch weil kein Vertreter oder Anbieter auf der Schwelle stand, der stets Neuerungen oder Neuerfindungen anbot. Die Restauratoren schmiedeten sich ihre Werkzeuge selbst und mussten vor allem ihr Können weiterentwickeln. Für den Denkmalbereich war dies äußerst nützlich, weil dadurch traditionelle Arbeitsweisen lebendig blieben. Manche Restaurierung, aber auch die anspruchsvollen Marmorkopien an der Großen Fontäne im Park Sanssouci wären heute ohne diese Tatsache kaum denkbar.

Das Skulpturendepot ist der liebste Ort von Frau Hüneke. Es löst eine permanente gedankliche Beschäftigung mit der Geschichte der Objekte, mit ihren früheren und möglichen neuen Standorten aus. Zur Entstehung eines Depots erläutert Saskia Hüneke, dass es jene Schlossräume ersetzt, welche einst in den historischen Inventaren als „Vorrath" bezeichnet wurden, Verbleibstätten für Kunstwerke, deren Bestimmungsort

Friedrich Christian Glume, Pferde und Büsten vom Marstall am Potsdamer Stadtschloss, 1746, Sandstein, mit Gips ergänzte Originalskulpturen. Sie sind seit der Sanierung und Umfunktionierung des Marstalls zum Filmmuseum um 1978–1980 eingelagert, als sie durch Sandsteinkopien ersetzt wurden.

noch nicht festgelegt war. In der Havelbucht gab es einst ein Fachwerkhaus, in welchem der importierte, vom Schiff entladene Marmor zwischengelagert wurde. Es wurde „Marmorschuppen" genannt. Im Laufe des 20. Jahrhunderts und nach dem Zweiten Weltkrieg lagerte man dort Skulpturen auch aus dem Stadtgebiet. Als die Havelbucht für den Bau der künftigen „Wilhelm-Külz-Straße" (mit heutigem Namen „Breite Straße") partiell zugeschüttet wurde, verschwand auch der Marmorschuppen. Das war der Anlass, Mitte der 1970er-Jahre eine einfache Werkhalle auf dem Schirrhof am Rande des Parks Sanssouci zu errichten, das heutige Hauptdepot der Skulpturensammlung. Darüber hinaus entstanden in jüngerer Zeit für die Skulpturensammlung etwa zehn kleinere Depots, ein Vorrat von Objekten aus verschiedenen Epochen, sehr mühevoll zu verwalten. Seit längerer Zeit schon setzt Saskia Hüneke sich als Kustodin, als Hüterin der Sammlung, intensiv dafür ein, die Schätze der Depots in einem Lapidarium zusammenzufassen und öffentlich zugänglich zu machen. „Es ist mein Traum, darin die Werke aus den Schlössern und Gärten zusammenzuführen, nach sammlungsgeschichtlich oder kunsthistorisch sinnvollen Aspekten aufzustellen und sie – wenn möglich – einem interessierten Publikum zeigen zu können."

Außenstehende denken meist, ein Depot sei ein toter Raum. Stehende Stille. „Für die Einrichtung der Schlösser, für die Beantwortung von fachlichen Anfragen, von Leihersuchen, oder für die Beratung zu Restaurierungsfragen auch mit externen Fachkollegen wird das Depot immer wieder aufgesucht, es bedarf unablässig der aktuellen Beschäftigung mit den Bildwerken unter anderen Aspekten. Sie werden für Ausstellungen, Leihgaben oder für Restaurierungsvorhaben transportiert. Es ist verblüffend, wie viel Bewegung in einem Depot stattfindet. Es ist ein Ort des Unfertigen, das mag ich daran."

Verschiedene Skulpturen überdauern lange Zeiträume in einem Depot. Manchmal wird ihre Bedeutung erst nach langer Zeit erkannt, die Schwerpunkte der Aufmerksamkeit unterliegen den Auffassungen, den Kontexten einer Zeit. Insgesamt beeindruckend wirkt jedoch eine besondere Feststellung: Über Monarchie, Kaiserreich, Weimarer Republik, Nazireich, die DDR und die Bundesrepublik (seit 1990), also über unterschiedliche Gesellschaftsordnungen, über riesige Verwerfungen und Kriege hinaus, gelang es, zahllose Kunstwerke auch in Depots zu behüten. Dieser Jahrhundertbestand legt auch das Selbstverständnis einer Kustodin fest: die Kunstwerke weiter zu bewahren. Eine lange Reihe engagierter Menschen steht dahinter, Erfahrungen wurden weitergegeben. So entsteht Verantwortung. Sie wird besonders intensiv wahrgenommen, wenn man über Jahre, Jahrzehnte mit einem Sammlungsbestand verbunden ist. Jedes noch so kleine Detail, egal ob aus den Trümmern des Potsdamer Stadtschlosses oder anderwärts geborgen, wird zusammengetragen. Wenn nicht alsbald, werden sie irgendwann später, vielleicht durch die Nachfolgenden, ihre Würdigung erhalten.

Saskia Hüneke interessieren vor allem sammlungs- und restaurierungsgeschichtliche Fragen. Insofern bezeugt ihre deutlich spürbare Berufserfülltheit die Richtigkeit der damaligen Entscheidung. Ihre persönlichen Stärken zu benennen, lehnt sie kategorisch ab: „Das widerstrebt mir ungemein." Ihre protestantische Prägung spielt da sicher mit hinein. Bewusstes Engagement für Stadtentwicklung und Politik hat sie über ihre fachliche Kompetenz hinaus zu einer bekannten Persönlichkeit Potsdams werden lassen.

Skulpturen im Depot: Fassadenskulpturen vom Neuen Palais, 1763–1769, Sandstein. Sie sind seit der Restaurierung der Fassaden um 1985 eingelagert, als sie durch Sandsteinkopien ersetzt wurden – zuletzt im Depot in der Kleinen Orangerie am Neuen Palais.

In der Bildergalerie im Park Sanssouci, die zu den ersten und prachtvollsten Bauten ihrer Art in Europa zählt, betreute Gerd Bartoschek über 40 Jahre die Gemälde.

Gerd Bartoschek
Kunsthistoriker und ehemaliger Kustos für Gemälde

„Länger als der Alte Fritz!"

Schloss Sanssouci

Allein eine Begegnung hinterlässt den Wunsch, ihm öfter gegenübersitzen zu dürfen, um zuzuhören. Das Wissen, welches er in sich trägt, ist ein besonderes. Es ist ein über Jahrzehnte leidenschaftlich und beharrlich ergründetes Wissen über die Gemäldesammlung der preußischen Schlösser. Gerd Bartoschek hatte zwischen 1969 und 2010 das Amt des Kustos der Gemäldesammlung inne.

Die Frage nach seiner Herkunft erwidert er gern mit einer Gegenfrage: Weiß man heute, wo die Altmark liegt? Und erläutert, dass als Marken früher Grenzgebiete bezeichnet wurden. Die Namen Altmark, Mark Brandenburg und Neumark spiegeln den Verlauf der deutschen Ostkolonisation wider – zunächst bis zur Elbe und schließlich über die Oder hinaus. Von der preußischen Provinz Brandenburg wurde die Altmark 1815 verwaltungsmäßig getrennt und der neu gebildeten Provinz Sachsen zugeschlagen, ein Gebiet, welches im Wesentlichen das von Sachsen-Anhalt ist. Beetzendorf heißt der Ort, in dem er aufwuchs. Dieser besaß einst eine zentrale Funktion in der westlichen Altmark und war ein Knotenpunkt für Kleinbahnen und der Sitz einer großen Getreidegenossenschaft. Nach 1900 entwickelte sich Beetzendorf beiderseits der Eisenbahn und florierte. Heute liegt die Bahnstation verlassen, verwaist, zur Steppe geworden, mittendrin. Ein Gymnasium gibt es bis heute. Dort bestand Gerd Bartoschek 1963 sein Abitur.

Einer der Professoren, der ihm nach seinem 1968 erfolgreich absolvierten Staatsexamen der Kunstgeschichte an der Greifswalder Universität den Hinweis gab, sich in Sanssouci auf eine „ganz nette frei werdende Stelle" zu bewerben, konnte mit Sicherheit nicht vorhersehen, dass damit eine Lebensentscheidung verbunden sein würde.

Als Gerd Bartoschek im selben Jahr in der Plankammer im Neuen Palais begann, wusste er auch noch nicht, dass er bereits im darauffolgenden Jahr auf die Stelle des Kustos für Gemälde wechseln würde. Eine Veränderung, die er sehr gern vollzogen hat. Das Studium der Kunstgeschichte in Greifswald fokussierte seinerzeit Architektur und Plastik des Mittelalters mit der norddeutschen Backsteingotik als Schwerpunkt, eine Ausrichtung, welche für seine Position in Sanssouci eine zusätzliche

Gerd Bartoschek

Aneignung und umfangreiche Auseinandersetzungen mit der dortigen Materie erforderlich machte.

Erst nach der Restitution von Kunstwerken aus der Sowjetunion im Jahre 1958 war es möglich geworden, die Schlösser von Sanssouci, die den Zweiten Weltkrieg mit relativ geringen Schäden überstanden hatten, adäquat einzurichten. Dies wurde zu Bartoscheks erstrangiger Aufgabe. Danach erwartete ihn eine aufwendige Arbeit in den mit Kunstwerken überfüllten Depots, die aus dem zerstörten Berliner und Potsdamer Stadtschloss sowie aus dem Schloss Charlottenburg kamen. Der Kustos verinnerlichte, „ständig ein Auge auf den Kunstmarkt zu werfen, nicht nur um Kriegsverluste, sondern um auch Bilder, die zum alten Sammlungsbestand gehören, wiederzufinden".

1926 und 1945 erscheinen in seinen Darlegungen wiederkehrend als Wendepunktjahre für die Sammlungen. Die Vermögensauseinandersetzungen nach dem Ende der Monarchie brauchten Zeit und führten neben der Klärung offener Fragen zur Gemäldesammlung 1927 auch zur Gründung der preußischen Verwaltung der Staatlichen Schlösser und Gärten. Der Zweite Weltkrieg hinterließ die schwersten Schäden und Lücken in den preußischen Museumseinrichtungen. Vernichtungen, Auslagerungen und Beutekunst sind bis in heutige Tage Gegenstand von Recherchen der Sammlungskustoden.

Der Kustos verinnerlichte, „ständig ein Auge auf den Kunstmarkt zu werfen, nicht nur um Kriegsverluste, sondern um auch Bilder, die zum alten Sammlungsbestand gehören, wiederzufinden."

Zu DDR-Zeiten war man in Potsdam vom internationalen Kunstmarkt abgeschnitten. Selten sei es zu bedeutenden Neuerwerbungen, welche sich dann in der Regel aus dem Staatlichen Kunsthandel speisten, gekommen. Hier in der Stadt kannte und schätzte man sich, beriet einander und so manches museumswürdige Stück geriet nicht über Alexander Schalck-Golodkowskis „Kommerzielle Koordinierung" gegen Devisen in das „kapitalistische" Ausland. Reisekader war Gerd Bartoschek nie und wollte es letztlich auch nicht sein, hätte es doch vielleicht Versuchungen erweckt, sich gefällig zeigen zu müssen. Der fachliche Austausch mit seinen Kollegen in Westberlin brach in jenen Jahren nie ab. Nach Abschluss des Grundlagenvertrages zwischen der Bundesrepublik Deutschland und der DDR 1972 wurden direkte Telefonverbindungen auch nach Westberlin geschaltet, sodass ein unmittelbarer kollegialer Austausch stattfinden konnte. Berufliche Reisen führten zwangsläufig nicht in die westliche Welt, sondern wiederholt in die Schlösser von Peterhof in der Nähe des damaligen Leningrad. Die freundschaftliche Atmosphäre vor Ort haftet in den Erinnerungen.

Es sei ihm vergönnt gewesen, langsam in die Aufgabe des Kuratierens von Ausstellungen hineinwachsen zu dürfen. In Potsdam fühlte man sich im Windschatten von Berlin und Dresden. Demzufolge versuchte man hier, sich mit kleineren Ausstellungen, meist in den Römischen Bädern, aber auch im Alten Rathaus, zu profilieren. Das änderte sich erst mit der „Preußen-Renaissance" in der DDR im Verlauf der 1980er-Jahre. 1986 wurde im Neuen Palais eine umfangreiche Ausstellung über Friedrich II. und die Kunst gezeigt, deren Resonanz außerordentlich war. Die Exposition über den Großen Kurfürsten (1988) wanderte ein Jahr später auch nach Westberlin. Nach der Wende hat Gerd Bartoschek zwei große Ausstellungen hauptverantwortlich kuratiert: die Krüger-Ausstellung 2007 und die Cranach-Ausstellung 2009, beide nun im Schloss Charlottenburg.

Ein vom Kustos außerhalb seines Arbeitszimmers im Gartendirektionshaus unablässig aufgesuchter Rechercheort blieb die Plankammer im Neuen Palais mit der Graphischen Sammlung der Stiftung und dem Archiv historischer Akten und Inventarbände, welche ebenso wie eine große Sammlung von Glasnegativen den Krieg überstanden hatten und dabei halfen, sich ein konkretes Bild von dem ehemals riesigen Gesamtbestand der Gemälde machen zu können.

Nach dem Mauerfall offenbarten sich Gerd Bartoschek erstmalig die in Westberlin befindlichen Teile der Gemäldesammlung, vor allem Werke von Lucas Cranach d. Ä. sowie von dessen gleichnamigem Sohn, von Antoine Watteau und Caspar David Friedrich, im Original. Diese Stunden sind ihm als Sternstunden, als herausragende Begegnungen, gegenwärtig.

Bis heute liegt es ihm am Herzen, den „GK 1", den um 1945 verloren gegangenen Generalkatalog der Gemälde, zu rekonstruieren. Eine früher in der Westberliner Schlösserverwaltung aufbewahrte Abschrift des ersten Bandes aus den 1930er-Jahren enthält nur ein knappes Viertel von über 12.000 erfassten Nummern. Von den meisten der 3.000 Bilder, die 1926 dem Haus Hohenzollern zugesprochen wurden, war dadurch mit der Nummer jede konkrete Information abhandengekommen.

Den ersten 1995 zur Verfügung gestellten Computer musste Gerd Bartoschek sich noch mit anderen Kollegen teilen. Dennoch verlor er keine Zeit und begann mit der Einrichtung einer Datenbank für den Generalkatalog. Bis dahin hatte er seine Rekonstruktionen handschriftlich erfasst und Vordrucke der in der DDR üblichen Inventarbände benutzt. Der Einzug des digitalen Zeitalters ermöglichte es nun, per Mausklick die einzelnen Felder von A bis Z zu sortieren und damit komplexe historische Zusammenhänge aufzuzeigen. Schließlich ließen sich außer den Katalogangaben technischer Art auf diese Art und Weise auch bequem Informationen aus älteren Inventaren sowie Literaturverweise sortiergerecht einfügen. Die über Jahrzehnte passioniert erbrachte Leistung fand in den beiden von Gerd Bartoschek und Christoph Martin Vogtherr bearbeiteten Verlustbänden zur Gemäldesammlung, die 2004 und 2011 von der Stiftung unter dem Titel „Zerstört, entführt, verschollen" herausgegeben wurden, den Weg in die Öffentlichkeit.

Zurück zu den Ausgangspunkten: Beetzendorf – Greifswald – Potsdam. 1968 herrschte in Potsdam Wohnraummangel. Es gab für Gerd Bartoscheck eine Stelle, als Unterkunft aber nur ein Zimmer ohne Küche. Dass ihm damals überhaupt etwas angeboten wurde und dies dann ausgerechnet im Schloss, bezeichnet der ehemalige Kustos heute dankbar als eine Fügung. Gern führt er aus, wie es zu den bewohnbaren Räumlichkeiten gekommen ist: Friedrich Wilhelm IV. ließ, als er mit seiner Gemahlin Elisabeth 1840 in das Schloss zog, den östlichen und westlichen Seitenflügel aufstocken. Die einstige Küche im Westflügel wanderte in den Ostflügel, den man damals auch als einzigen Teil des Schlosses unterkellerte. Die obere Etage wurde für die Dienerschaft eingerichtet. Als der junge Gerd Bartoschek hier einzog, bildeten im Küchenflügel mehrere Kollegen eine Art Wohn- und Arbeitsgemeinschaft. Beengtes Miteinander und eingeschränkter Komfort glichen der außergewöhnliche Ort und ein belebender geistiger Austausch aus. Die folgenden Jahrzehnte brachten Wandel: Man zog um und aus. Geblieben ist allein Bartoschek. Was nach ihm folgt, ist offen, aber eins steht fest: Er wohnt im Schloss – das macht sich gut – schon länger als der Alte Fritz!

Der Stuckateur Ingo Seifert bei der Arbeit in seiner Werkstatt auf dem Schirrhof.

Angelika und Ingo Seifert
Pädagogin und Stuckateur

„Auf der falschen Seite?"

Orangerieschloss (Westflügel)

„Sie wohnen hier?" Die Frage wird in einem eigenartigen Tonfall gestellt. „Ja." „Dann wohnen Sie auf der falschen Seite!" „Auf der falschen Seite?" „Na, sehen Sie doch mal nach drüben!" Die Blicke gehen dann zum Süd-West-Flügel des Orangerieschlosses: Er ist saniert und strahlt in freundlichem Sandgelb. Der bewohnte Nord-West-Flügel dagegen ist bis heute in verwaschenem Orange erhalten geblieben. Eine portalähnliche Eingangstür aus verwittertem, anthrazitfarbenem Eichenholz verharrt in originalem Zustand und lässt ein in die kühle Flurhalle, auf deren ausgetretenen Terrakottafliesen Jahrhunderte verewigt sind. Man betritt eine andere Welt, fernab vom modernen Leben. Ein Refugium. Diese Räumlichkeiten gehören zum Ensemble des Orangerieschlosses, das Persius, Hesse und Stüler zwischen 1851 und 1864 schufen.

Wenn Frau Seifert gelegentlich von Sanssouci-Besuchern vor ihrer Eingangstür angesprochen wird, erzählt sie folgende Geschichte: „Nach der Wende war es mir vergönnt, auf Goethes Spuren nach Italien zu reisen. Dort sah ich die Paläste der Medici, weilte bei den Borgias und wandelte in den Volksparks. In Italien war nichts perfekt restauriert. Ich sah schadhafte Wände. Hier und da fehlten Putz oder Stuck. Aber das macht den Reiz doch erst aus. Es wirkt lebendig." Frau Seifert reist auch regelmäßig nach Kanada in die Neue Welt. Dort spürt sie, dass man sich nicht auf eine Historie wie die hiesige beziehen kann. Wenn sie eine Ansichtskarte des Orangerieschlosses mit dem Hinweis: „Dort wohne ich." zeigt, reagiert man mit Hochachtung. „Unsere Geschichte ist Tradition. Und aus Tradition entsteht letztlich auch wieder das Neue."

Seit zwei Jahrzehnten wohnen die Seiferts hier im Westflügel. Ursprünglich, das war in den 1980er-Jahren, gingen sie davon aus, im Hause der Dachdeckermeisterwitwe Grube in der Sellostraße im Stadtteil Potsdam West ihr lebenslängliches Domizil gefunden zu haben. Private Vereinbarungen sahen es jedenfalls so vor. Es kam anders: Nach dem Tod von Frau Grube trat an deren Stelle die VEB Kommunale Wohnungsverwaltung, nach dem Herbst 1989 dann die GEWOBA Wohnungsverwaltungsgesellschaft, und plötzlich mündete die laufende, groß angelegte Rekonstruktion ihrer Wohnung in einem Baustopp aufgrund erheblicher Schäden an der Bausubstanz. Darüber zog ein weiterer Winter ins Land, und es gab keine Öfen mehr, kein Bad, von einem Zuhause war nicht mehr zu sprechen.

Der Künstler Ingo Seifert vor seiner Staffelei und seinem Werk – in seinem in der Wohnung beheimateten Atelier.

2011
November
Dezember
Jan. 2012

„In Sanssouci hat es immer Wohnungen für die Mitarbeiter gegeben", meint Frau Seifert, die ihren Mann, den Urberliner, einst nach Potsdam holte. Er suchte Arbeit und fand sie auf dem Schirrhof. Vom Bau des VEB Stuck und Naturstein kommend, eröffnete ihm die künstlerisch-fachliche Arbeit als Stuckateur im eigenen Stuckatelier einen vollkommen neuen Kosmos. Das genaue Datum seiner Arbeitsaufnahme erinnert Herr Seifert bis heute: Es war der 3. September 1979. Sein Vorgänger schied aus. „Acht, immer acht Leute mussten wir sein. Damit war sichergestellt, dass immer genügend neue Mitarbeiter nachrückten und die Aufträge bewältigt werden konnten. Es geht um Tonnen, die da bewegt werden." Von seinem damaligen Leiter, Herrn Böhm, wurde er ausgezeichnet unterwiesen, Kollegen halfen und die in enger Nachbarschaft arbeitenden freien Bildhauer gaben viel von ihren Erfahrungen weiter.

Massenhaft beschädigte Decken in sämtlichen Gebäuden und Schlössern unterzogen sich Herrn Seiferts Restaurierung oder einer kompletten Neuanfertigung. Die sternförmigen Profile der oberen Decke des Flatowturmes in Babelsberg gehen beispielsweise auf „sein Konto". Ebenso die Decken im Klöbersaal und annähernd im gesamten Nordflügel des Marmorpalais. Zweieinhalb Tausend Muscheln im Muschelsaal des Neuen Palais wurden abgenommen, abgeformt und ergänzt. Für das Relief, dessen Motive – zum Beispiel Blätterornamente – kaum noch erkennbar waren, modellierte er die einzelnen Elemente auf, formte sie ab und goss sie neu. Wenn große Figuren bewegt werden müssen, hilft Herr Seifert selbstverständlich. Die vielfältigen und parallel anfallenden Arbeiten liegen ihm. Und das seit 33 Jahren. „Wenn ein Stuckateur heute entlassen wird, macht er oft etwas ganz anderes und wechselt häufiger die Jobs. Macht hier mal was für ein Jahr und da mal was für ein Jahr. Es gibt keine große Verbundenheit mehr mit der Arbeit. Aber hier kennen wir uns schon seit 30, 40 Jahren, stellen Sie sich das mal vor. So etwas stirbt aus."

Zuerst wollte sich Herr Seifert als Betriebsmitglied der Verwaltung Staatliche Schlösser und Gärten Potsdam-Sanssouci die Wohnung in der Orangerie gar nicht ansehen. Er nahm an, „dort oben" sei kein Mensch, es wirkte so ausgestorben. Doch dieser Eindruck täuschte: „Hier lebten viele Menschen. Ganz unten zwei alte Damen, im mittleren Teil wohnte sogar eine Bekannte, die Gunda, auf dem Mittelflur auch eine ganz alte Dame und gegenüber ein Arbeitskollege. Und hier oben leben immer noch Herr Uhlmann (der Kastellan der Orangerie) und Frau Ulm. Es ging wie in einem ganz normalen Mietshaus zu. Nur in außergewöhnlicher Lage. Eine Lage in Sanssouci."

Die „Seifert'sche Wohnung" in der oberen Etage wurde nach der Wende 1991/92 als einzige ausgebaut und umgestaltet. Sämtliche Gewerke vom Schirrhof halfen: Maurer, Maler, Zimmerleute, Schlosser und Klempner. Endlich gab es auch die qualitativ besseren Materialien. Es entstand ein Atelierzimmer, in dem alte Zwischendecken rückgebaut wurden und die Holzwendeltreppe aus der Sellostraße eine neue Aufgabe erhielt: Sie führt zu einem angelegten Zwischenboden. Eine richtig schöne barocke Wendeltreppe, wie sie in einem holländischen Atelier üblich ist. Dieses Atelierzimmer ist eine Ode an die Zeit. Hier kleben Zeitungsausschnitte wie der über „unseren Sandmann" neben einem Beatlesplakat. Gerahmte Fotos stehen neben Büchern und diese wiederum neben Büsten. Es blüht ein wild gewachsener Fundus, ein anregendes Sammelsurium von Erinnerungsstücken auf engstem Raum. Doch die Faszination, die einen ereilt, wenn man den gewebten Vorhang teilt und eintritt, kommt vor allem von den Ölgemälden: Rembrandt neben Vermeer. Sie warten auf und neben der Staffelei, belegen eng gerahmt an den Wänden ihre Plätze: „Der lachende Soldat" (ein Jugendwerk Rembrandts), „Die Nachtwache", das letzte Selbstporträt von 1669. Eine Reise in das Goldene Zeitalter.

Mit zehn Jahren begann die Leidenschaft für das Kopieren großartiger, anerkannter Malerei. Die Lehrerin von Herrn Seifert motivierte ihn mit der Aufforderung, er müsse üben. Das setzte sich fest. Er mag die verschiedensten Malervorbilder aus Holland und Italien, aber Rembrandt liegt ihm besonders am Herzen – sein Leben, sein Wesen, seine Gemälde. Dafür fährt Ingo Seifert weite Strecken mit seiner Harley –

Angelika „Lika“ Seifert in einem historisch nachempfundenen Gewand, flanierend zwischen den überwinternden Palmen, hier in der westlich gelegenen Pflanzenhalle des Orangerieschlosses.

zum 400. Geburtstag des Malers oder zu anderen Anlässen, manchmal auch nur, um Rembrandt-Postkarten zu kaufen. Er findet es selbst kurios, aber er liebt den Luxus, für eine Karte von 1,50 Euro so weit zu fahren. Suspekt erscheint ihm, dass heute „alle“ Künstler sein wollen. Das schnelle Geld damit zu machen, stößt ihn ab. Das Hastige, das Oberflächliche, das Gemanagte ist ihm fremd. Er spielt mit seinen Gedanken: „Wer gibt schon so viel Zeit aus? Wer investiert heute Zeit? Zeit ist Geld. Zeit stört mich nicht.“

Frau Seifert wirkt, als sei sie das ideale Pendant zu dem zu Rückzug und Nischendasein neigenden Künstler. Ihre offene, gebildete Art schlägt eine solide Brücke zwischen den verschiedenen Ufern. Aufgrund ihrer Spurensuche nach den eigenen Wurzeln lässt sich mit Bestimmtheit sagen, dass der Urgroßvater einst Gärtner in Sanssouci war und mit seiner Familie in der Lennéstraße wohnte. Auch die Großeltern und Eltern ließen sich in der Nähe – in der Waldemarstraße, der heutigen Sellostraße – nieder. Dadurch ist Sanssouci für Frau Seifert von jeher etwas Normales, etwas nahe Liegendes. Gern erzählt sie die Geschichte ihres Großvaters, der einst als lockiger Knabe im Park den Kaiser zu Pferde bestaunte, und dieser ihm gar einen Taler schenkte. Einen richtigen Taler! Für ihren Großvater waren Kaiser und Bismarck Tradition. Zu denen hat er aufgesehen. Man kennt es ja: redlich, treu und Vaterland. Er war in dem Sinne Preuße, hier geboren worden zu sein. Aber seine Vorfahren hatte die Hugenottenzeit „aufgesplittet“, in einen polnischen und einen französischen Zweig. Die Familie väterlicherseits kam aus Schlesien. „Es kamen ja alle von irgendwoher, aus ganz anderen Regionen. Mein Großvater wäre nie weggegangen, wir auch nicht.“ Mit ihm stritt sie über die ausgeartete Vergangenheit. Den ausgearteten, verdammten Krieg und seine Rechtfertigungen. Über den Verlust eines seiner Söhne und die schwere physisch-psychische Folgeschädigung des zweiten Sohnes. Der Krieg war nicht wegzuwischen, eine schwere Zeit, durch welche sie gegangen sind. Die sich anschließende sozialistische Lebensweise empfindet Frau Seifert als „nicht schlecht“. Sie beschreibt sich darin als „nicht unglücklich“. „Wir besaßen zwar nicht alles, überhaupt nicht. Es hat aber auch einigen, als später alles da war, nicht gut getan. Wir lebten mit viel Kunst und Kultur. Mit den Fragen: Wo wohnen wir eigentlich? Wo kommen wir her? Wer hat das gebaut? Natürlich mussten wir auch mit typischen sozialistischen Veranstaltungen klarkommen. Jüngeren heute zu erklären, wie Sozialismus in seiner Zeit funktionierte, ist fast unmöglich.“

„Mit preußischer Tradition habe ich überhaupt nichts zu tun“, erklärt ihr Mann kategorisch. Könige und ihr Kult, auch die Kirche sind ihm zuwider. Es stecken Kriege hinter dem Reichtum, und die Leute sind immer wieder darauf hereingefallen. Anmut, Schönheit und die handwerkliche Präzision der Kunstwerke dagegen berühren ihn. Sie sind ein wichtiger Teil seines Lebens. Auch das Schloss, in dem er wohnt und welches er zu bewahren hilft. Angelika und Ingo Seifert haben lange schon eine Haltung ihrem Leben gegenüber gefunden. Und ihre Wohnung würden sie freiwillig nie verlassen, auch wenn Vorüberziehende meinen, es sei die „falsche Seite“.

Andreas Pietz

Andreas Pietz
Gartenmeister

„Leben im Schloss Lindstedt"

Schloss Lindstedt

Schloss Lindstedt wirkt wie ein kleiner Satellit, der auf ein paar äußerst knapp gehaltenen Quadratmetern Erde landete, um zu verweilen. Formal gehört die Gartenanlage zur Verwaltungseinheit des Parkreviers III, welche das Gebiet um die Orangerie und am Schloss Lindstedt in Sanssouci definiert. Am westlichen Fuße des Klausberges teilt die Amundsenstraße wie ein breiter Fluss den Landschaftsgarten von dem Waldgebiet Katharinenholz. Die von ihr abgeleitete Lindstedter Chaussee weist den Weg.

Schloss Lindstedt ist bewohnt. Andreas Pietz lebt seit Januar 2001 im Erdgeschoss. Die Wohnung deckt – nach späterem Hinzumieten von Räumen – auf rund 140 qm nun den gesamten Süd-Ost-Flügel des Schlosses in der Form eines Ls ab. Ende 2000 erhielt Herr Pietz für sich und seine junge Familie unter dem Aspekt des sozialen Vorranges und der substanzerhaltenden Maßnahmen für das Gebäude von der Verwaltung die Einwilligung, hier zu wohnen. Die Wohnung war vorher an den damaligen Hausmeister als Dienstwohnung vergeben gewesen. Es gab nicht zu duldende Vorkommnisse, so suchte man in Folge neue Hüter für das Schloss. Bestehende Unsicherheit darüber, welche Art von Mietvertrag er unterschrieb, ließ sich durch Erkundung der Aktenlage klären. Nach Rücksprache mit seinem Haus- und Liegenschaftsvertreter Holger Schäfer besteht der Unterschied zwischen einer Dienst- und einer Werkmietwohnung in dem Umstand, dass eine Dienstwohnung einem Mitarbeiter für die Dauer einer bestimmten Tätigkeit vor Ort zugewiesen wird. Mit Beendigung der Tätigkeit muss die Dienstwohnung wieder zurückgegeben werden, da sie in der Regel für einen neuen Stelleninhaber benötigt wird. Im Gegensatz dazu werden Werkmietwohnungen an interessierte Mitarbeiter auf der Grundlage normaler Mietverträge vermietet. Entsprechend einer internen Regelung erhalten die Mitarbeiter ein Wohnrecht, wenn sie in den Ruhestand gehen und zuvor mindestens 15 Jahre für die Schlösser und Gärten tätig waren. Herr Pietz ist kein Haus-, sondern Gartenmeister und arbeitet für das Parkrevier III, ohne sich um seinen Lindstedter Garten kümmern zu müssen. Der zuständige Hausmeister verantwortet neben Schloss Lindstedt auch die Römischen Bäder, das Schloss Charlottenhof, die Moschee sowie das Chinesische Teehaus und wohnt andernorts. Insofern kann geschlussfolgert werden, dass Andreas Pietz in einer Werkmietwohnung sein Heim einrichtete.

Andreas Pietz

Eingang finden er, seine zu ihm gezogene Mutter, Tochter Paula und seine Gäste durch den mit gelb-roten Ziegeln gepflasterten Vorraum in den Rotundenraum, einen kleinen runden Saal. Dieser bildet den Unterbau vom Turm. Das Rotundengewölbe fließt in der Mitte zusammen. Die weiß gekalkten Wände erinnern an eine Sakristei. Auf dem runden Tisch im Zentrum liegen Früchte des Herbstes. Auch Pflanzentöpfe lagern hier, Schuhe und Kleidungsstücke finden ihren Platz. Die Räumlichkeiten strahlen eine gemütliche Atmosphäre an diesem Abend aus, weil es für ein solches Schlosserdgeschoss ungewöhnlich warm ist. Doch dies hat Gründe: Schimmel. Lästig und ungesund, doch wer alte Gebäudesubstanz versucht zu erhalten, weiß von den Wetterseiten meist gen Norden und dem steten Kampf um trockene Wände.

Andreas Pietz empfängt und bewirtet gern im Esszimmer, das Eckzimmer des Ls, ein mit lindgrün-ornamentaler Bordürentapete geschmückter Raum. Chippendalemöbel auf geschliffenem Dielenboden laden ein. Die Sicht nach draußen reicht in die Parkseite, vor dessen Freitreppe sich ein Wandelgang mit Obstbäumen, Weingirlanden und Rasen befindet. Der Zaun zur Straße hin ist schmiedeeisern, verspielt geschwungen, gegenüber trennt Maschendraht die gepflegte Rasenfläche vom Acker. Gern sitzt Andreas Pietz hier in Betrachtung des Gartens, in dem er keine persönlichen Pflichten von Amts wegen zu erfüllen hat.

Kümmern möchte er sich dennoch. Nach Havarien oder Unwettern rückt er mit Kollegen seines Reviers auch nachts oder an Wochenenden aus, um sicherzustellen, dass keine umgestürzten Bäume oder abgerissenen Äste weiteren Schaden anrichten. Veränderungen in der Mentalität der Mitarbeiter fielen ihm in letzter Zeit auf, an strukturelle Veränderungen hat er sich gewöhnt. Seit 23 Jahren arbeitet Andreas Pietz für die Gärten der heutigen Stiftung. Damals begann er unter Sven Kerscheks Leitung, welcher heute den Neuen Garten führt. „Das Karussell der Besetzung dreht sich immer mal", meint er lächelnd. Seinem Kollegen Blocksdorf, der auf sagenhafte 40 Dienstjahre verweisen kann, verdankt er eine traditionell gehaltene Einweisung in die gärtnerische Arbeit. Von ihm und weiteren Erfahrungsträgern wurden die historischen Gegebenheiten des Reviers theoretisch erläutert und praktisch gezeigt: beispielsweise Vor- und Nachteile des Heckenschnitts von Hand oder mit der Maschine. Man diskutierte auch kontrovers, setzte sich auseinander, fühlte sich aber stets verbunden im Sinne der Sache des Pflegens und Bewahrens. Dieser Tage werde dieser Zusammenhalt zunehmend brüchiger: Die „alte Garde" setzte sich zur Ruhe, die Jüngeren sind aufgerückt. Nicht jeder von ihnen will Verständnis aufbringen für die gepflegten Traditionen, nicht jeder konnte Traditionen weitervermitteln und nicht jede Tradition taugt für die neuen Aufgaben.

Beruflich eingestiegen ist der in Potsdam geborene und im Potsdamer Ortsteil Golm Aufgewachsene mit einer Lehrausbildung (1987–1989) zum Gärtner in der „Gewächshauswirtschaft für Gemüse und Zierpflanzen unter Glas und Plaste" in Werder. Seinen Meisterlehrgang an der Peter-Joseph-Lennéschule, einer Berufs- und Meisterschule in Berlin-Zehlendorf, absolvierte er zwischen 2008 und 2010. Sein Meisterbrief trägt folgenden Titel: „Gärtnermeister Fachrichtung Garten- und Landschaftsbau". Gegenstand der Meisterbildung waren die Themengebiete organisatorische Aufgaben (Kalkulationen und Planung von Arbeitsabläufen), bauliche Arbeiten (Teich- und Sportplatzbau, Pflaster- und Vermessungsarbeiten) sowie die Biologie (botanische Namensgebung, Pflanzpläne). Aber auch die Aneignung von Computerkenntnissen, Lehrlingsausbildung sowie im Fach Deutsch Unterweisungen zu Briefwechseln, einschließlich der Behandlung von Umgangsformen im Kundenverkehr, zählten zum Lehrplan. Seine Urkunde, nach längerer Zeit einmal wieder herausgesucht und in den Händen haltend, bereitet ihm Wohlbehagen, denn leicht von der Hand gegangen sei ihm der Lehrgang nicht.

Herr Pietz liebt Tiere. 40 Enten und 30 Hühner versorgt er auf dem Grundstück seiner Verwandten in Golm. Hier auf dem Schlossgelände verweilen Diego und Zatopek, schwarze Katze, weißer Kater? Nein, beide sind schwarz-weiß mit langen weißen Schnurrhaaren! Der angeschaffte jugoslawische Hütehund musste wieder seiner Wege gehen, weil er seiner Natur entsprechend – im Heimatland beschützt ein solches Tier seine Schafe vor den Wölfen – einem Laubennachbarn und Besuchern Angst einjagte. Gefährlich sei er nicht gewesen, habe aber so gewirkt, auch die hinzugezogene Hundepsychologin kam in dieser Frage nicht weiter.

Prominente Bewohner des Schlosses vor dem Gärtnermeister, so ist es überliefert, waren beispielweise General von Falkenhayn, dessen Schwiegersohn Henning von Treskow sich als einer der führenden Persönlichkeiten im militärischen Widerstand vom 20. Juli 1944 auszeichnete – eine bronzene Gedenktafel im Säulengang erinnert daran. Die Vorfahren des Komikers Loriot, die von Bülows, waren vor dem Umbau zum Schloss im Besitz des Gutes.

Nach Aussage von Matthias Gärtner, dem Kustos der Graphischen Sammlung, habe Kronprinz Friedrich Wilhelm IV. das nordwestlich des Neuen Palais gelegene kleine Gut Lindstedt im Jahre 1828 erworben. Nachdem seine Vorstellungen zur Errichtung einer italienischen Villa nicht realisiert werden konnten, wandelten sich die Planungen zu einer antiken Villa an der Stelle des Gutshauses. Nach weiteren langen Überlegungen wurde das Gutshaus in ein kleines intimes Schlösschen nach Plänen des Architekten Ferdinand von Arnim 1859/60 umgebaut. Peter Joseph Lenné umgab es mit einem regelmäßigen, in sich geschlossenen Garten. Nach 1945 wurde der Garten zunächst für botanische Lehrzwecke genutzt und verwilderte später. 1985 begann man mit der Restaurierung des Schlosses und der Rekultivierung des Gartens.

Gerd Schurig, Kustos der Gartendenkmalpflege, erinnert sich, dass er die Pläne für die Gartenrekonstruktion zeichnete und die meisten Arbeiten im Garten betreute. Das Gros der Arbeiten wurde in den Jahren 1986 und 1987 durchgeführt, danach folgten nur noch kleine Nacharbeiten und Schönheitsreparaturen. Die Wiederherstellung des südlichen Gartenteils bis zum Laubengang war eine offizielle Kooperationsaktion der Staatlichen Schlösser und Gärten, nachdem der Biologie-Lehrstuhl der Pädagogischen Hochschule aus dem Schloss aus- und das Institut für Gerichtsmedizin unter Herrn Dr. Markert hineingezogen war. Auch die Bauabteilung und die Denkmalpflege beteiligten sich intensiv. Im Nordteil verhindern die immer noch vorhandenen Kleingärten die Komplettierung der Anlage.

Im Sommer lebt das Schloss in unseren Tagen von seinen Veranstaltungen. Ein Konferenz- und ein Veranstaltungssaal bieten entsprechende Locations. Herr Pietz lässt sich gern den Jahresplan aushändigen, um an den Wochenenden mit Veranstaltungen auswärts zu sein. Er höre jeden Schritt von oben, und das sei nicht angenehm. Bei Events im Schlossgarten allerdings mische er sich gern unter die Gesellschaften. Im Anzug erfreut er sich dann der gedeckten Tafeln und genießt. Wenn etwas aus dem Rahmen fällt und die historische Anlage nicht ausreichend respektiert wird, gibt er dem Sicherheitsdienst ein Signal.

Noch wichtigere Bedenken sind jene, dass die historische Blickbeziehung zwischen Säulengang und dem Neuen Palais künftig nicht verbaut werden darf. Die dazwischenliegenden, einst von der Nationalen Volksarmee genutzten Halden werden aktuell abgerissen, und die Wohnungsbaugesellschaft Semmelhaack plant, an der Stelle Wohnungen für Studenten und Senioren zu errichten. Der antike Säulengang ist sicher nicht allein für den Haushüter Pietz das Herzstück des Schlosses, ein ins Abendlicht getauchter sanfter Traum vom südlichen Italien.

Vereinzelt kommende Besucher der Parkanlagen Sanssoucis wandeln, fotografieren und gehen wieder. Anwohner flanieren mit ihren Hunden vorüber – junge Familien wandern eher auf den Wegen des Waldes. Andreas Pietz betrachtet die Abgeschiedenheit Lindstedts in dichter Nähe zur Stadt Potsdam als ausgezeichnete Lebensqualität und bleibt gern hier, vorerst jedenfalls.

IN LOVE

Andreas Pietz, Tochter Paula und Mutter Cornelia im Esszimmer seiner Wohnung im Schloss Lindstedt.

Eva-Maria Verleih
ehemalige Krippenleiterin

„Alles hat seine Zeit."

Teezubereitungshaus

Gegenüber der prominenten, glanzvoll vergoldeten Chinoiserie, stets ein Magnet im Park Sanssouci, wartet ein märchenhaft erscheinendes Haus mit lindgrünem Anstrich. Es wird entweder „Teezubereitungshaus", „Teeküche" oder „ehemalige chinesische Küche" genannt. Vier Spinnennetzfenster beleben die Seite des Hauses gen Norden. Diese wundersamen Fenster werden optisch von fünf in Weiß gefassten, altrosafarben gemalten, vertikalen Kordeln auf Pilastern begrenzt. Fensterläden breiten freudig und exakt bis zu den Pilasterkanten ihre Arme aus. Darüber grüßen zwei spitz zulaufende Dachgaubenfenster aus moosgrünen, kupfern schimmernden Dachschindeln. Es ist die Ansichtsseite, der Sichtbezug, zum eigentlichen Juwel, dem chinesischen Teehaus. Nach Süden blicken lediglich drei normale Doppelfenster, schmucklos, sowie ein Dachgaubenfenster. Die angrenzende Gartenwiese wirkt klein, aber luftig fließend, mit einer kräftigen Platane am Wasserlauf, in welcher Stockenten nisten. Es scheint, als gäbe es das offizielle und das private Antlitz eines Gebäudes, welches man über die westliche Giebelwandseite betreten oder verlassen kann.

Bis vor Kurzem lebte im Teezubereitungshaus eine Dame mit weißem Haar, mit einer kräftigen Statur und dem Esprit einer Frau schwer schätzbaren Alters, welche ein Leben lang hart gearbeitet haben muss. „Verleih" steht noch heute über dem Briefschlitz an der Eingangstür.

Mit ihren Eltern und Geschwistern zog sie exakt am 1. August 1939 hier ein, nachdem die Familie bereits im Jahre 1933 von Schlesien nach Potsdam gekommen war. Vater Kühn arbeitete in dieser Zeit „unter Ehrerbietung und mit Freude" als Kastellan und Aufseher im Stadtschloss Potsdam. Vorerst wohnte man auch in einem der Flügel desselben. Wenn die Kinder der Kühns spielen wollten, liefen sie einfach hinüber in den Lustgarten. Damals gab es dort noch keinen Straßenverkehr. Als den Kühns weitere Kinder zuwuchsen, wurde der Familie die Wohnung des Teezubereitungshauses angeboten. 99,5 qm. Das weiß Eva-Maria Verleih genau. Wann man dieses Gebäude errichtete, kann sie jedoch nur ungefähr angeben: „Es gibt so gut wie gar keine Literatur zu diesem Haus. Aber wenn das Teehaus um 1768 gebaut wurde, nehme ich an, dass die Teeküche ebenso im 18. Jahrhundert entstand."

Einen Monat später, am 1. September 1939, begann die nationalsozialistische Regierung einen völkerrechtswidrigen Angriffskrieg. Mutter

Kühn blieb mit ihren Kindern allein im Haus zurück, da der Vater in den Polenfeldzug marschierte. Sie warteten von da an auf das Ende der Schlachten, auf den Vater, auf die Rückkehr des ganz normalen Lebens. Eva-Maria Verleih erinnert sich: „Irgendwie meinte es das Schicksal dennoch gut mit uns. Aus Schlesien hätten wir flüchten müssen, im Stadtschloss wären wir ausgebombt worden und unser Häusel in Sanssouci blieb stehen. Die Scheiben waren zwar zerschlagen, aber es stand noch. Bomben fielen in das Zentrum, vor allem um den Hauptbahnhof herum. In Potsdam West blieb vieles unversehrt, aber in der Stadt war nichts mehr wiederzuerkennen."

Den Einmarsch der sowjetischen Armee erinnert Frau Verleih noch heute als äußerst bedrohlich. Sie erzählt, wie sich ihre Familie in Etappen versuchte zu verbergen. Zuerst in der Villa Oldenburg, später in der Villa Illaire und danach im Keller des nahegelegenen St. Josefs-Krankenhauses. Eines Tages „fassten sich ihre Mutter und ihr Bruder ein Herz" und gingen, um nach dem Heim zu sehen. Dort hatten die Besetzer inzwischen „übel gehaust". Aber es standen noch alle Möbel an ihrem Platz. Nach mehreren Wochen, im Sommer 1945, konnten sie ihre Verstecke wieder verlassen und zurückkehren. Im Mai des darauffolgenden Jahres kam auch der Vater wieder. „Mit einem Mann im Haus sah die Welt auch schon wieder anders aus!" Vater Kühn arbeitete nach seiner Rückkehr aus der amerikanischen Kriegsgefangenschaft fortan als Tischler auf dem nahegelegenen Schirrhof. Seinen Beruf als Kastellan musste er aufgrund politischer Zugehörigkeit in der Vergangenheit aufgeben. Die an den Arbeitgeber gebundene Wohnung, das Teezubereitungshaus, blieb ihnen aber als Wohnsitz erhalten.

„Irgendwie meinte es das Schicksal dennoch gut mit uns: Aus Schlesien hätten wir flüchten müssen, im Stadtschloss wären wir ausgebombt worden und unser Häusel in Sanssouci blieb stehen."

Eva-Maria Verleih erlernte zuerst den Beruf einer Säuglingsschwester, danach den einer Krippenerzieherin, und über eine Erwachsenenqualifizierung wurde sie Krippenleiterin beim Rat der Stadt. Sie errang für sich Stück für Stück die Dinge des Lebens in ihrer Zeit und reflektiert heute über sich selbst: „Ich bin ein lebensbejahender Mensch. Ein Leben lang habe ich an mir gearbeitet. Bei Wind und Wetter fuhr ich los. Die Frauen mit ihren Kindern standen schon vor mir an der Krippentür. Manchmal haben mein Mann, unsere Kinder und ich von der Hand in den Mund gelebt. Ich frage mich heute, wie ich das damals alles bewältigte." Frau Verleihs Geschwister hatten das Teezubereitungshaus längst verlassen. Sie selbst heiratete mit 20, gebar zwei Söhne und hat der Teeküche lange die Treue gehalten. Über Jahre lebte sie, da auch ihre Eltern geblieben waren, hier mit drei Generationen auf engstem Raum zusammen.

Frau Verleihs Mutter sorgte bis zu ihrem 76. Lebensjahr für die Sauberkeit der Toiletten des Schlosses Sanssouci, auch an Sonnabenden und Sonntagen. Als sie ausnahmsweise einmal an einer von der Volkssolidarität organisierten Dampferfahrt teilnehmen wollte, bat sie ihre Tochter in ihrem schlesischen Dialekt: „Ach, Evale, kannst du nicht mal hochgehen und mich ersetzen?" Ihre Tochter erwiderte: „Oh Gott, Mutter, ich bin Krippenleiterin!" „Aber ich wollte unbedingt, dass sie mal rauskam. So zog ich mir einen weißen Kittel an und nahm das Desinfektionsmittel. Es war nur der erste Moment, nämlich der, als die Leute kamen, in welchem ich mich überwinden musste. An diesem Tag traf ein Bus mit amerikanischen Ladys ein. Sie sahen mich stehen und dachten wahrscheinlich: ‚Na – so eine Toilettenmuttel?' Ich hatte meine langen, dicken Haare zur Hochfrisur gesteckt und schlank war ich dazu. So mancher Dollar wurde mir hinterlegt. Dabei fürchtete ich, dass jemand auftaucht, der mich kennt. Es kam keiner. Dennoch, was war das für ein Ansturm! Somit habe ich erst einmal wahrgenommen, was meine Mutter bis in ihr hohes Alter hinein vollbrachte."

Die eigenen Eltern bis zum Tod zu pflegen, stellt Eva-Maria Verleih als eine Selbstverständlichkeit dar, obwohl es parallel zu ihrer Berufstätigkeit kein Leichtes gewesen sein kann. Zudem beschreibt sie zwingend erforderliche Sanierungsarbeiten im Teezubereitungshaus zu DDR-Zeiten als schwierig durchzusetzen: „Es gab so gut wie keine Veränderungen in der Wohnung. Man musste laufen, sprechen und manchmal sehr konsequent sein. Wir waren immer eigenverantwortlich. Mit vielen Bitten. Fast ein Leben lang stand mir nur ein Fünf-Liter-Boiler zur Verfügung. Für Kind und Kegel. Erst vor drei oder vier Jahren hat man die gesamte Installation im Haus erneuert. Während der letzten zwei Jahre, in denen ich hier ohne meinen Mann lebte, habe ich dann keine Ansprüche mehr gestellt. Für mich stand fest: ‚Du ziehst aus!'"

Nach der letzten Renovierung der Außenfassade hat das Teezubereitungshaus sehr gewonnen. Es wirkt exotisch. Wenn es während der Potsdamer Schlössernacht angestrahlt wird, kommt die Bemalung in ihrer ganzen Schönheit zu besonderer Geltung. Frau Verleih, hinter einem ihrer Dachgaubenfenster stehend, bemerkte mitunter, wie Besucher des Parks ihr zugewunken haben. „Ist das echt hier? Lebt hier jemand?" Andere begannen an der Gartenpforte provozierende Diskussionen. „Na, Sie waren wohl in der Partei oder bei der Stasi gewesen, so schön, wie Sie wohnen! Wer so wohnt, muss doch dabei gewesen sein."

In ihrer Kindheit empfand Frau Verleih es als alltäglich, hier zu leben. Je reifer sie wurde, umso bewusster lernte sie den einzigartigen Wohnort zu schätzen. Wenn Frau Verleih auswärts erzählte, sie lebe mitten in Sanssouci, mit dem Blick auf das Chinesische Teehaus, in der ehemaligen Teeküche, dann wurde das immer als etwas Besonderes aufgenommen. An diesem Ort offenbarten sich ihr die vier Jahreszeiten mit ihren Wechseln: Eisflächen in kalten Wintern, zaghafte Blüten der Frühblüher, die schweren Düfte des Sommers, Herbstlaub und Farbenpracht. Den sich durch einen künstlichen Hügel sowie exotische Büsche, Bäume und Rabatten auszeichnenden Marlygarten querte sie täglich, um zur Arbeit zu eilen und wieder heimzukehren. Mit vollen Taschen – mit Freud und Leid, wie sie es ausdrückt. Frau Verleih lacht: Sie habe alle Generaldirektoren von Sanssouci erleben dürfen: Professor Kurth, Mückenberger, Professor Giersberg. Ein Leben lang hat sie auch der ehemalige „Chef vom Garten", Gartendirektor Dr. Harri Günther, begleitet. Auch heute würden sie nicht einfach nur aneinander vorbeigehen, sondern immer ein paar Worte wechseln.

Sie ist gegangen und wohnt unweit in der Lennéstraße in einer Wohnung. Erleichterung und Zufriedenheit angesichts des gewonnenen Komforts lassen bis dato keine Wehmut aufkommen. Nur scheint es, dass das Teezubereitungshaus in sich versunken steht und wartet.

Eva-Maria Verleih

Frau Verleih besichtigt wenige Wochen nach ihrem Auszug aus dem Teezubereitungshaus die ehemaligen Wohnräume, in denen sie annähernd ihr ganzes Leben verbrachte.

Matthias Gärtner – vor den Grafikschränken eines Kabinetts in der Graphischen Sammlung im Neuen Palais – mit einer Mappe in den Händen. Hinter ihm hängen Grafiken in ihren Lichtschutzverpackungen.

Matthias Gärtner
Kunsthistoriker und Kustos der Graphischen Sammlung

„Ein Leben in Schlossnähe"

Kastellanhaus

Der Mann der Inventare und der Graphischen Sammlung kennt sich aus. Mit leiser Stimme skizziert Matthias Gärtner historische Fakten. „Um 1800 begann das Sammeln hier erst richtig im Zuge der ganzen preußischen Hofhaltung und dem darüber Buchführen, und zwar von Bibliothekaren verwaltet. Bald darauf gab es schon den ersten großen Einschnitt mit Gründung der Berliner Museen 1830. So gingen die ersten großen Kunstsammlungen nach Berlin. Uns als Graphische Sammlung der preußischen Schlösser und Gärten gab es da noch lange nicht. Alles, was auf Papier und Kunst war (hauptsächlich Zeichnungen, Druckgrafiken und Aquarelle), kam in das Kupferstichkabinett. Die Graphische Sammlung wurde als Institution erst nach 1918 gegründet. Sie ordnete sich zwischen den beiden Kriegen. Nach 1945 kamen große Veränderungen. Alles wurde nach Russland abgegeben. Inzwischen waren wir nicht mehr der große Betrieb, der von Königsberg bis Wiesbaden, sogar bis in das Elsass reichte, sondern wir wurden als „Schlösser und Gärten" neu gegründet. Geteilt in Ost und West. Wir bewahren heute nicht nur eine Sammlung, sondern 20 Teilsammlungen. Davon ist die sogenannte Plansammlung sicherlich der größte Bestand, über den wir hier verfügen. Es sind (mit dem Bereich Topografie) ca. 70.000 Blatt."

Seit 26 Jahren arbeitet sich der Absolvent der Leipziger „Karl-Marx-Universität" – 1953 bis 1991 diesen Namen tragend, heute, wie in ihrem Gründungsjahr 1409 „Universität Leipzig" – immer präziser in sein Fach, nämlich das der Kunst- und Sammlungshistorie, ein. Matthias Gärtners Arbeitskabinett zählt in unserer Zeit zu einem der erlesensten, welches ein Auge erfassen darf. Unter dem Dach des Nord-Ost-Flügels des Neuen Palais, dem Palast mit seinen insgesamt rund 400 Zimmern, zieht es sich als schmales Durchgangsgelass zur einzigen Tageslichtquelle, einem barocken Spinnennetzfenster, hin. Auserwählte Abordnungen originaler Kupferstichplatten an den Wänden, deren Vliestapeten zart gemustert farbig glimmen, erobern des Betrachters echte Bewunderung: Kupfer auf Preußischblau, schwebendes Licht, leises Summen. Tischtafeln sind mit Mappen und deren Kunstwerken belegt. Es gibt weiße Grafikschränke und drei Türen im Raum. In dieser beseelten Schaltstelle von Überlieferungen ist Matthias Gärtner ein Eingeweihter dieser Archivgemeinschaft. Modernes Gerät speist heute in Form von Datenbanken in be-

Die einstige Garderobe der Kaiserin Auguste Viktoria dient der Graphischen Sammlung heute als Archiv der Kostbarkeiten.

Ein aquarellierter Entwurf des Architektur- und Landschaftsmalers Carl Georg Anton Graeb (1816–1884) vom Orangeriehaus Sanssouci: die Orangerie aus der Vogelschau – aus östlicher Perspektive.

ständiger Verwaltung und Erforschung das Wissen aller Überlieferungen alter Kunstdruckwerke und Inventare. Die Leiterin des Fachbereiches, Claudia Sommer, behält Besucher intensiv im Blick. Hier stehen unermessliche Werte als verpackte große Pakete im Flur, denn der Umzug in das neue Wissenschafts- und Restaurierungszentrum wird seit Monaten vorbereitet. Die vorhandenen Bestände erreichen Dimensionen, die wahrscheinlich erst in vieljähriger Aneignung und bei unablässiger Beschäftigung auch nur ansatzweise plastisch und zusammenhängend vorstellbar werden.

Blicke fallen in eine geöffnete Akte: eine Art Haushaltsführungsbuch. Von ihnen gibt es 800 Exemplare. Handschriftlich verfasst sind diese kalligrafische Augenweiden. Makellose Schriftzeichen auf angegilbtem Papier für das Hofmarschallamt. Selbiges verteilte exakte Nummerneinträge zur Nachvollziehbarkeit der vorzunehmenden Arbeiten und gab grünes Licht für die kalkulierten Summen. Diese Akten schlüsseln Anschaffungen und Reparaturen auf. Sie unterscheiden sich von Inventaren, jenen Büchern, in denen jedes Zimmer, jedes Kabinett eine allgemeine Beschreibung findet. Wie es gestrichen oder tapeziert war. Was sich im Einzelnen in den Räumen befand. Und zwar nach Werkgruppen geordnet: zuerst die Gemälde, dann die Möbel, die einzelnen Gegenstände sowie die grafischen Arbeiten. „Diese Inventare wurden in schöner Regelmäßigkeit neu angelegt. Man braucht eine gewisse Übung, um das auch zu lesen. Die nächste Generation schreibt das nächste Inventar. Man verteilte Raumnummern. Es gibt hier verschiedene Zählungen der Räumlichkeiten. Man muss abgleichen, wo man sich befindet. Durch Abgangsvermerke kann man die Geschichte der einzelnen Stücke verfolgen. Das letzte vollständige Inventar ist in der Kaiserzeit geschrieben worden."

Matthias Gärtner recherchierte – wie übrigens fast alle seiner Kollegen und Bewohner der historischen Häuser Sanssoucis – nach den Zimmerinventaren seiner Wohnung: 553. Sanssouci, Inventar, 1845. Ein Auszug: „no. 51. Cabinet. mit einem Doppelfenster nach Osten. Die Wände boisirt und weis gestrichen … der Fußboden in Eichenholz getäfelt und mit einer braun eingelegten Verzierung umgeben. runder halbweißer Kachelofen m. (durchgestrichen: braunen) grünen Bändern und gesimsen …" An diesem Nachmittag steht hier eine rote Sitzgruppe aus Leder. Die Wände des Kabinetts sind rot-weiß gestreift tapeziert. Die maroden Fenster restaurierte Matthias Gärtner in liebevoller Handarbeit vor Jahren, als er 1992 mit seiner Familie diese Wohnung übernahm. Als „Ostbürger" in Selbstbezeichnung ist er darin wohlgeübt, handwerkliche Arbeiten improvisierend durchzuführen. Allerdings sehen die Fenster alles andere als laienhaft restauriert aus – im Gegenteil. Die dunklen Eichendielen geben nach, und ein minimaler Hauch von Bohnerwachs ist gegenwärtig. Man findet Letzteren nur noch in museal genutzten Räumen, ist er doch dem alltäglichen Leben längst entschwunden.

Beim türkisch gebrühten Kaffee halten Betrachtungen über die Vergangenheit Einzug. „Ich glaubte lange Zeit, dass ich irgendwann mal in Richtung Denkmalpflege gehe. Meine ganzen Praktika lagen da. Es ist eine schöne Schnittstelle zum Bau. Wenn man aus dem Norden kommt, umgibt einen Backsteingotik. Und mein Studium in Leipzig war sehr architekturlastig. Als Jugendlicher erlebte ich von meiner Mutter, der damaligen Institutsdirektorin an der Greifswalder Ernst-Moritz-Arndt-Universität, im Caspar-David-Friedrich-Institut organisierte Konferenzen. Ich nahm mir selbst freitags frei, um in Greifswald Sachen zu hören, die dort von Gastdozenten gehalten wurden, um ein breiteres Spektrum zu gewinnen. Das Thema meiner Examensarbeit war der Park in Hohenzieritz. Der Ort liegt zwischen Neustrelitz und Neubrandenburg in Mecklenburg. Die ansässigen Leute zogen weg. Den Park ließ man zu DDR-Zeiten vollkommen unbeachtet verwildern. Ich war der Erste, der diese Parkanlage beschrieben hat. Zumindest mit dem, was es an auffindbaren Archivalien gab. In der Zwischenzeit holte man auf, weil das Archiv und die Bibliothek in Schwerin inzwischen soweit sind, ihre Bestände zu erfassen. Nichtsdestotrotz war es erst einmal eine Beschreibung, die Aufmerksamkeit erregte. Glück gehabt, mit diesem schönen Thema! Zu dieser Zeit hatte ich mich auch schon hier in Potsdam beworben."

Fragen nach der persönlichen Prägung werden eindeutig beantwortet: Eine DDR-Identität gibt es für Matthias Gärtner nicht. Der drei Jahre währende absolvierte „nationale Gleichschritt" rückte seine bisherigen Anschauungen in ein vollkommen anderes Licht: Dieser entlarvte für ihn überdeutlich die militärische Disziplinierung der männlichen Bevölkerung. Unterordnung und Dienst in einer Armee, mit der nichts gewonnen oder verloren werden konnte. In der die Männer gebrochen und automatisiert werden sollten. Zuerst im Militär, später im Staat. Jedoch sei ihm der sportliche Teil dieser Jahre nicht schwergefallen – im Gegenteil. Bewiesenes Stehvermögen und Unbeugsamkeit im Grenzgang zur Anpassung erfüllen ihn auch mit Stolz. War doch Sport neben Kunstgeschichte immer auch sein Berufsinteresse. Der Vater baute seinerzeit als Professor an der Universität Greifswald das Institut für Körperkultur, die Sportlehrerausbildung, auf. 16-jährig aus dem Krieg zurückgekehrt, wurde er Junglehrer und ein Pädagoge mit Leib und Seele. Parteizugehörigkeit (Sozialistische Einheitspartei Deutschlands) war in der Familie gelebter Konsens. Auch Matthias Gärtner wurde Mitglied. Doch sein Glauben trug ihn nicht: „Ich dachte, da wären alle klugen Köpfe versammelt. Und hier, wie in der Sowjetunion, kämen Veränderungen nur durch die Partei. Ach Gott – hatte ich mich getäuscht. Was ich nicht wusste beziehungsweise einfach noch nicht reflektierte, war, dass Moral, Ehrlichkeit und all die schönen Dinge eben nicht unbedingt etwas mit Klugheit zu tun haben müssen."

Im Gespräch mit Matthias Gärtner kommt die These auf: Ohne Prägung kein Leben. Kein Leben ohne Prägung. Wie wäre sie für ihn zu beschreiben? „Ich denke und fühle wie ein Pommer, obwohl ich in Berlin-Pankow geboren wurde." Was zeichnet einen Pommern aus? „Der Menschenschlag und die Landschaft. Eine historische Landschaft diesseits und jenseits der Oder. Pommern leben eine ganz bestimmte Verbundenheit. Die meisten sind gegangen, weggezogen. Die Dagebliebenen haben es gewollt. Über Hanse und Backstein hinaus existiert eine gewachsene Kulturlandschaft. Es gibt immer noch ausgelassene, schöne, große Feiern." Symbole innerer Beheimatung, obwohl es nicht seine eigene, sondern die seiner Frau und ihrer Verwandten ist.

Von Matthias Gärtner geht eine akklimatisierte Zurückhaltung aus. Im Reflektieren, im Sprechen, in der Begegnung. Vieles wirkt, als wäre es schon einmal gründlich überdacht worden. Fast alles steht unsichtbar im Dialog mit diesem außergewöhnlichen Arbeitsfeld im Neuen Palais und seinem privaten Familienraum im Kastellanhaus am Schloss Sanssouci. Seine Zuneigung – um nicht zu sagen – seine Liebe zur Kunst offenbart sich als Momentaufnahme. Unbeabsichtigt. Mit spontanem inneren Leuchten. Noch etwas fällt auf: Der Vielbeschäftigte ist äußerst hilfsbereit. Pommersche Hilfsbereitschaft?

1989 eröffnete sich für ihn die Möglichkeit, Stadtdenkmalpfleger von Stralsund zu werden. Doch: „Das Leben in Potsdam wurde sehr spannend und auch sehr viel schneller. Innerhalb seines Betriebes bildete sich eine Kommission zur Stasi-Aufarbeitung. Es gab strukturelle Änderungen. Dieses sehr eingespielte Gemeinschaftsgefühl unter den Kollegen führte dazu, erst einmal zu zeigen: ‚Die können uns mal!' Die Folgejahre ab 1991 unter Professor Hans-Joachim Giersberg waren anspruchsvolle Jahre mit großen Restaurierungs- und Bauvorhaben. Jede Woche mussten Entscheidungen gefällt werden. So blieb ich hier."

Ein gewichtiger Teil des Grundes war sicherlich auch die in Aussicht gestellte Kastellanhauswohnung. Eine Werkmietwohnung, die an den Arbeitgeber gebunden ist. Matthias Gärtner wohnte zuvor in einem Zimmer „Am Palais 2", in der ehemaligen Gärtnerlehranstalt, dem einzeln stehenden Haus zwischen Kaiserbahnhof und Neuem Palais. Frau Gärtner, die freundliche, kommunikative Frau von Rügen und Mutter der gemeinsamen Tochter, teilte seinen Entschluss im Zuge der Familiengründung. Seit Jahrzehnten schneidert sie fantasievoll für das Ensemble des Hans Otto Theaters und erhielt sich über die Zeiten ein aufrichtiges Interesse an ihrem Mann.

Im „Cabinet": Matthias Gärtner mit Ehefrau Ulrike im Kastellanhaus. Es gab viel zu tun, bevor die Wohnung der Familie in ausgezeichneter Lage im Park Sanssouci, zwischen der Bildergalerie und dem östlichen Aufgang zum Schloss Sanssouci gelegen, durch aufwendige Restaurierungs- und Renovierungsarbeiten angenehm und stilvoll bewohnbar wurde.

Seit Monaten stellen die Kollegen der Graphischen Sammlung unter Hochdruck einen Katalog über die Zeichnungen von Friedrich Wilhelm IV. zusammen. Es ist bekannt, dass der Monarch auf alles gezeichnet hat, was ihm „unter die Finger kam“: auf Depeschen, Telegramme, Briefe, Speisezettel – von schlichten Entwürfen bis hin zu engagiert angelegten, durchgearbeiteten Zeichnungen. Das sind etwa 4.500 Blatt. Mitunter zweiseitig genutzt, sodass man insgesamt von etwa 6.800 Motiven ausgehen kann. Die Zeichnungen bilden in der Graphischen Sammlung einen eigenen Sammlungsbereich. Sie befanden sich in unterschiedlichen Beständen der königlichen Bibliothek, bis sie von Bogdan Krieger separiert und durch Johannes Sievers in den 1930er-Jahren nummeriert und geordnet wurden. Friedrich Wilhelm IV. konnte, wenn er wollte, sehr gut zeichnen. Meistens waren es Themen, die ihn gedanklich beschäftigten – wie beispielsweise seine architektonischen Visionen. Sie sind nicht gut ausformuliert, sondern mit einem weichen, relativ breiten Bleistift entworfen worden. Die Idee zu erfassen, war das Wichtige, nicht die Zeichnung im artifiziellen Sinne. Problematisch sei jedoch, dass sich die Zeichnungen ähneln und den gewünschten Gegenstand nicht fokussieren, sondern stets mehrere Ebenen oder Varianten präsentieren.

Derlei Publikationsvorbereitungen laufen parallel zum Tagesgeschäft. Alle vier Mitarbeiter des Fachbereiches besitzen ein facettenreiches, profundes Wissen. Es gibt keine klar geteilten Fachgebiete. Dennoch gelangen Anfragen zu Themen, welche territorial eher nördlich Brandenburgs angesiedelt sind oder Themengebiete über Gärten meist zu Matthias Gärtner. Von der Deutschen Bauakademie erhielt die Graphische Sammlung in den 1950er-Jahren ehemalige Bestände des Fürstlichen Bauarchivs Putbus. 500 schöne Blätter. Der Kustos der Graphischen Sammlung nennt es „Hobby“. Kann man Beruf und Hobby an dieser Stelle überhaupt noch trennen? Abschließend bemerkt er: „Da wir alle erhaltenen Pläne, Vorgänge und Inventare verwalten, befindet sich hier das versammelte historische Wissen der Stiftung.“ Das ist die achtunggebietende, kaum fassbare Dimension.

Christa Zitzmann vor der „größten Herausforderung ihres Berufslebens“: Zu Recht stolz ist sie auf die Erhaltung der original mit Seidendamast bespannten und mit Goldtressen besetzten Wände des Tressenzimmers.

Christa Zitzmann
Restauratorin und Leiterin
der Textilrestaurierungswerkstatt
und Gottfried Bielenstein
Töpfer

„Sie haben das damals ganz neu gesehen."

Römische Bäder

„Nächstes Jahr geh ich in Rente. Ich finde es großartig, dass ich noch was in meinem Leben vorhabe. Ab März 2014 werde ich dasselbe machen wie jetzt, nämlich mit psychisch Kranken töpfern. Nur ehrenamtlich und nicht hier, sondern in Lettland. Ich werde meine Russischkenntnisse auf Vordermann bringen. Denn mein eigentliches Ziel ist, zum Wintersemester desselben Jahres ein Russischstudium zu beginnen." Gottfried Bielensteins Wurzeln liegen in Lettland. Seine Vorfahren haben dort 140 Jahre lang an verschiedenen Orten gelebt. Lettland, auch wenn es zum Leidwesen der Letten ist, besteht zu 40 % aus Russen, die ihre Muttersprache sprechen. Gottfried Bielenstein möchte es nicht unversucht lassen, bevor er die 70 erreicht, seinen Bachelor zu machen. Wenn er von seinen Träumen spricht, glaubt man ihm sofort. Er besitzt die Kraft eines Menschen, der mit klarer Gewissheit die für ihn wesentlichen Dinge des Lebens anfasst. Seine starken Hände haben viel bewegt. Und die ihm eigene offene Ausstrahlung begründet er mit einer starken Anziehungskraft der „unglaublichen osteuropäischen Gastfreundschaft". Einfach vor der Tür zu stehen, um einen Besuch abzustatten, das ist Kultur, das ist wahres gelebtes Leben.

„Ein Großonkel von mir war als Gymnasiast, das muss in den 80er-Jahren des 19. Jahrhunderts gewesen sein, sehr lange krank gewesen. Er führte in dieser Zeit drei Monate Buch darüber, wer zu seinem Vater zu Besuch kam. In diesen drei Monaten kamen 206 Besucher. Sechs davon blieben nicht über Nacht." Dieser Rekord ist heutzutage wohl schwer zu brechen. Die ehemalige Humboldt-Wohnung in den Römischen Bädern aber bildet dennoch seit dem Jahre 2003 für die Großfamilie Bielenstein-Zitzmann einen Ort regen Austausches mit Kindern, Enkeln, Freunden und Kollegen. Das Paar hat unwissentlich aufeinander gewartet, sie lernten sich erst am Herbstbeginn ihres Lebens kennen, doch umso inniger leuchtet das gemeinsam geteilte Glück dieser Verbindung.

Sie wohnen über dem Hochparterre des Haupthauses, über der damaligen Wohnung des Gartendirektors Sello. Christa Zitzmann ist in der Tra-

In einem der Atelierräume der Abteilung Textilrestaurierung noch im Mezzaningeschoss des Neuen Palais. Künftig werden die Kolleginnen ihre Restaurierungsarbeiten nicht mehr in historischer Umgebung fortsetzen können.

Um Fadenproben aus einem historischen Stoff zu entnehmen, trägt Christa Zitzmann eine Lupenbrille. Sie lässt im Labor prüfen, ob für die Fäden tatsächlich Gold und Silber statt Kupfer oder Messing verwendet wurde.

dition der gestaltenden Bewahrer von Sanssouci die aktuelle Leiterin des Fachbereiches „Textil", Textilrestaurierung, im Neuen Palais. Sie recherchierte über ihre Wohnräume und kann sich die in einem Inventarverzeichnis der Plankammer der Stiftung von 1845 überlieferte Einrichtung der beiden Zimmer bildlich schwer vorstellen: karierte Tapeten, karierte Fensterdekorationen und Möbelbezüge in den schrillen Farbkombinationen Violett-Gelb bzw. Violett-Grün. Selbst auf schönem Holzfußboden lag damals kariertes, gelb-violettes Wachstuch. Sie las, dass sich Friedrich Wilhelm IV. hier aufgehalten haben soll, um seinen Tee zu trinken, und eben auch Humboldt.

Gottfried Bielenstein mag eine wundersame Begebenheit. Sein Ururgroßvater spazierte bereits mit seinen Kindern um 1840 durch den Park. Sein Urgroßvater war zwischen 1840 und 1845 Schüler in Schulpforta bei Naumburg. Schulpforta ist eine der drei großen sächsischen Fürstenschulen neben Sankt Afra in Meißen und Sankt Augustin in Grimma. Zu den bekanntesten Schülern von Schulpforta zählten Fichte, Klopstock und Nietzsche. Aus dem Baltikum reisten seine Vorfahren per Kutsche nach Berlin und von dort aus mit der ersten Eisenbahn nach Potsdam. Man lustwandelte. Die Römischen Bäder waren zu der Zeit gerade errichtet worden. „Sie haben das damals ganz neu gesehen, und ich darf 170 Jahre später hier wohnen. Ich genieße es jeden Tag neu. Bewundernswert bleibt auch Lennés Vorstellungskraft. Es war seine Idee, dass der Park so aussehen kann. Aber in der Größe hat er ihn natürlich nie erlebt. Eine enorme Atmosphäre." Christa Zitzmann und Gottfried Bielenstein lieben dankbar die vorhandene ursprüngliche Substanz, auch wenn Putz bröckelt und die kalte Jahreszeit ihre Unwirtlichkeit in das Haus entsendet. Die Badewanne aus den 1930er-Jahren besitzt übrigens Denkmalwert und fühlt sich rau an. Na und? Ihre Komfortansprüche halten sich in Grenzen. So ein Blick in den Garten, so eine Stimmung in der Dämmerung am Fenster, was gibt es Edleres? Weit entfernt von Protzigkeit und Elitärem. Immer auf der Hut jedoch, wenn es reinregnet und Schwamm entsteht. Dann fühlen sie sich persönlich verantwortlich und ergreifen kleine Maßnahmen, um keine größeren Schäden heranwachsen zu lassen. Das ist auch die Art und Weise, wie Christa Zitzmann Restaurierung im besten Sinne versteht.

Immer auf der Hut jedoch, wenn es reinregnet und Schwamm entsteht. Dann fühlen sie sich persönlich verantwortlich und ergreifen kleine Maßnahmen, um keine größeren Schäden heranwachsen zu lassen.

Sie ist ein Glied in der Kette einer langen und schönen Traditionslinie. Diese konnte sie im Textilbereich bis in das Jahr 1699 zurückverfolgen und die ersten Hoftapezierer ausfindig machen. Selbige waren sogar für die Möbel im Haus zuständig. Einige von ihnen übernahmen später einen Posten als Kastellan. Die Hoftapezierwerkstatt entwickelte sich nach und nach. Zu Kaiserzeiten schließlich gab es die Zentralisierung, vorher oblag dieser Bereich den einzelnen Häusern. Der letzte Krieg brachte Brüche. Aber selbst in dieser Zeit blieb auch ein Polsterer fortlaufend angestellt. Eine sogenannte Weißnäherin kam hinzu und nähte oder setzte wieder instand, was auf ihrem Gebiet in den Schlössern so anfiel, vor allem Sonnenschutzvorhänge, neue Wandbespannungen und Draperien aus Seide. Sie restaurierten nicht im heutigen Sinne textilerhaltend, sondern reparierten. Aber auf welchem Niveau! Sie traten nicht als einfache Handwerker auf, sondern waren sich der Besonderheit ihrer Aufgabe auch im kunsterhaltenden Sinne bewusst. Sie ersannen daher unterschiedliche Techniken und Verfahren – so beispielsweise das Aufkleben des Seidendamastes auf die Wandbespannungen mit Reisstärke. Diese Restaurierungsmethode stammt mindestens aus den 1930er-Jahren, möglicherweise ist sie noch älter. Christa Zitzmann griff sie wieder auf, erforschte sie und publizierte mit zwei Mitstreiterinnen einen Fachzeitschriftenartikel mit dem Titel „Friedrichs Kartoffeln retten des Königs Luxus. Die Restaurierung einer Wandbespannung aus dem Jahre 1768". Die schon aufgegebene Seidenbespannung im Tressenzimmer konnte mit dieser Methode schließlich gerettet werden.

Das Tressenzimmer ist ein sehr kostbarer Raum des Neuen Palais. Große rotseidene Wandflächen, Goldtressenornamentik und goldener Posamentenschmuck dominieren die räumliche Impression. 30 Jahre lang war es geschlossen. Einfallendes Tageslicht, Schimmel, Holzwürmer und dergleichen hatten das Übrige getan. Der für die umfassende Restaurierung vorgesehene neue Seidendamast war sogar schon gewebt worden, denn man beabsichtigte, den 250 Jahre alten, verblichenen und beschädigten Stoff von den Wandflächen abzunehmen, den Posamentenschmuck abzutrennen, zu säubern und wieder auf die neuen Wandbespannungen aufzusetzen. Damit hätte man jedoch den originalen Zustand nicht erhalten können. Und dies wäre ein großer Verlust gewesen. Mit dem Mauerfall kamen Gäste und Fachleute aus Westdeutschland und staunten: „Hier ist ja alles noch vorhanden! Die originalen Stoffe! Das ist sehr selten geworden." Es schmerzte Christa Zitzmann inzwischen regelrecht, komplett erneuern zu müssen.

Sie nimmt es als ein wertvolles Geschenk an, Zeit gehabt zu haben, um über diese Aufgabe längerfristig nachdenken zu dürfen, und nennt es „umdenken". Zielstrebig suchte sie mit ihren Kollegen nach alternativen Methoden und Möglichkeiten der Restaurierung. Sie erarbeitete insbesondere das Restaurierungs- sowie das Klebekonzept und kümmerte sich um die Koordination. Das Projekt startete. Zunächst halfen Leichtschaumplatten, unerwünschte Knickungen zu verhindern, als das Restauratorenteam die ca. 5 x 2 m großen Wandbespannungen des Tressenzimmers auf zwei Rollgerüsten stehend abnahm. Danach ging es an das aufwendige Reinigen der originalen Damastfelder und an die Vorbereitungen für den Klebevorgang. Letzteres erfolgte auf dem Tisch liegend. Ein fahrbarer, speziell für diese Arbeiten angefertigter Tunnel aus Acrylglas rollte über den Tisch. Die Restauratorinnen trugen im Inneren des Tunnels den warmen Stärkekleister auf, um anschließend das wertvolle, über dem Tunnel transportierte Seidendamastgewebe mittels einer Folie auf das bestrichene Stützgewebe gleiten zu lassen. Zentimeter für Zentimeter. Während dieser Prozedur agierten alle Hände der Mitarbeiterinnen der Werkstatt hoch konzentriert und aufeinander eingespielt. Es gelang. Im Jahre 2012 schenkte die Abteilung „Textil" das restaurierte Tressenzimmer Friedrich dem Großen zum 300. Geburtstag.

Bereits Christa Zitzmanns erste handwerkliche Aufgabe in Sanssouci sollte sie gleich in Friedrichs Nähe bringen: in seine Wohnung im Schloss. Man brauchte Vergolder. Die im ersten Beruf erfahrene Spielzeuggestalterin erinnert sich heute: „Ich dachte mir, ich kann das zwar nicht, aber werde es lernen." Am 2. Januar 1976 war es dann soweit. Leichter Schneefall setzte ein, während sie die breite Sanssouci-Freitreppe nach unten ging. Ihre Gedanken fühlten sich frei. „Du darfst jetzt jeden Tag hier sein. Du arbeitest an der schönsten Stelle, die es gibt."

Wo heute Christa Zitzmann und Gottfried Bielenstein sich in den Armen halten, lesen, arbeiten oder ihre Familie und ihre Freunde bewirten, soll sich einst Alexander von Humboldt aufgehalten haben.

Mit annähernd nichts aufzuwiegen sei die Atmosphäre der Räume aufgrund dieser einzigartigen Aussicht in den Park – dieses Privileg begründen die bislang 38 Arbeitsjahre von Christa Zitzmann.

Es ist zur Tradition der Stiftung geworden, alljährlich während der Sommermonate kleinere Ausstellungen in den Römischen Bädern zu organisieren. Dafür werden Räume in der ehemaligen Hofgärtnerwohnung des Gärtnerhauses genutzt, welches ab 1829 als erstes Gebäude des Bauensembles erbaut wurde.

Martin Kleissl
Klempner

„Immer im Dienst am Technischen Denkmal"

Moschee

An einem der lautesten und luftverschmutztesten Verkehrsknotenpunkte Potsdams liegt ein „handtuchgroßes" Grundstück, auf dem eine Moschee steht. Welch filigranes Kunstwerk nebst Minarett inmitten kompakter Hochhauszeilen am Havelufer! In dieser Korrespondenz ist sie eine außergewöhnliche Erscheinung mit einer ungewöhnlichen Bestimmung.

Dass in der Moschee ein Bewohner lebt, bleibt der öffentlichen Wahrnehmung meist verborgen. Seit fünf Jahren ist dies Martin Kleissl. Im Garten künden krüppelige Obstbäume vom sichtbaren Alter des winzigen Refugiums. An einem heißen Septembertag des Jahres 2012 prangt eine einzige Frucht an dem bis auf die Substanz zusammengeschrumpften Birnbaum. „In ein paar Jahren wird er bestimmt nicht mehr da sein. Die Krone reichte mal über den Weg und musste nun abgenommen werden. Sie war nicht mehr tragbar", bemerkt Martin Kleissl, schließt das Tor auf und lässt ein. Seine Einsiedlerwohnung empfängt überaus korrekt geordnet und lässt erkennen, dass Wände, Fußboden und Küche aktuell renoviert worden sind – und zwar auf seine Kosten. Martin Kleissl ist Mieter hier.

So wohnt er tatsächlich im Dampfmaschinenhaus, welches sich durch viele verschiedene Türen begehen lässt und dessen Alarmanlagen beachtet werden müssen. Der Schlüsselbund von Martin Kleissl ist daher entsprechend üppig. Er ist der Mann, der dieses Technische Denkmal nicht nur allein gegen unerwünschte Eindringlinge schützt, sondern auch schon handwerklich gewartet hat. Samstags und sonntags kann es öffentlich besichtigt werden.

Im Innern befindet sich die stehende Zweizylinderdampfmaschine. Die linke Pumpenkammer ist als solche erhalten geblieben und die rechte dient heute als Ausstellungsraum. Martin Kleissl erklärt, dass sich in beiden Räumen je sieben Wasserpumpen befanden. Das Wasser pumpt man bis heute über eine ca. 1,4 km lange Druckleitung in ein riesiges Becken auf dem Ruinenberg. Von dort aus werden Wasserspiele, Fontänen und die aufwendige Bewässerung des gesamten Parks Sanssouci bedient.

In ihren Bann zieht die Anlage optisch durch ihre Sagenhaftigkeit aus 1001 Nacht. Hellgrün-blau glasierte Ziegel, ornamentierte Zinkgussteile und Sandstein prägen die farbige Außenfassung der Moschee. Dem Verkehrslärm entrinnend, stehen Besucher in abrupt abschottender Stille von maurischen Mauern umschlossen. Der zellenartigen Atmosphäre hingebend, bieten sich dem erhobenen Blick Schauspiele der illuminierten Wand- und Kuppelgestaltung in reichem Arkadenschmuck. Unweigerlich erliegen Betrachter der Erschütterung durch golden schimmernde Kolben im Stampfen und Tosen losgelassener Kräfte der hydraulischen Maschine.

„Ich kann nicht jeden Tag hier eine Party machen. Das geht nicht. Das ist ein öffentliches Gebäude und ich achte darauf."

Der 1970 geborene Martin Kleissl arbeitet seit 2006 für die Stiftung Preußische Schlösser und Gärten. Eine vergleichsweise noch junge Arbeitsvita. Er kam als Klempner und Installateur vom Wohnungsbaukombinat Potsdam.

Sein Ausgangspunkt für die tägliche Arbeit befindet sich auf dem Schirrhof, auf dessen Fläche bis 1918 das sogenannte Melonenrevier mit unterschiedlichen Treibereien, Treibhäusern und Mistbeeten bewirtschaftet wurde. Das berufliche Gefüge des heutigen Schirrhofes ist eine kleine Wissenschaft für sich. Es ist ein eigener Fachbereich, in welchem Tischler, Maler, Elektriker, Maurer, Klempner, die Kollegen vom Metallbau, die Sicherheitstechniker und die Mitarbeiter vom Museumstechnischen Dienst organisatorisch zusammengefasst werden. Außerdem arbeiten Stuckateure und Bildhauer in ihren Werkstätten Tür an Tür. Eine derartige Ballung von Gewerken erzeugt auch ein besonderes Fluidum, das der Bewegung. Der Begriff „Schirrhof" stammt von einer altertümlichen Bezeichnung für Gebäude- und Freiflächen, welche man zum An- und Abspannen der Geschirre von Zugtieren benötigte.

Es sei ein Unterschied, ob man für den Wohnungsbau oder den Kulturbesitz arbeitet. Martin Kleissl macht deutlich: „Es sind andere Sachen, andere Menschen, andere Materien und Materialien. Wir arbeiten immer an etwas anderem, immer materialschonend, immer mit der Geschichte. Wir müssen stets aufpassen, insofern werden Denkmalpfleger einbezogen. Und das dauert alles länger als normal üblich." Wahrscheinlich hat er bereits alle Mieter in den von der Stiftung verwalteten Gebäuden aufgesucht, um etwas zu reparieren. Nicht nur in Potsdam, sondern auch in Rheinsberg, Königs Wusterhausen und Caputh. Auf die Anfragen müsse er reagieren, und zwar schneller und umsichtiger als früher.

Es scheint, als habe er sich im betriebseigenen Kosmos gut eingelebt, und er erzählt von den Einschränkungen, die er auch in seiner Wohnlage respektieren muss. „Ich kann nicht jeden Tag hier eine Party machen. Das geht nicht. Das ist ein öffentliches Gebäude und ich achte darauf. Der Sicherheitsdienst kommt auch täglich hier vorbei. Wenn alles im Rahmen bleibt, kann ich mich schon mal mit drei, vier Leuten hinsetzen, das ist kein Problem. Aber für eine größere Sache ruf ich vorher an und sag Bescheid."

Unter Kollegen beschloss man auch, die Leiter zum Dach der Moschee zu kappen, weil nicht wenige Fremde auf die Idee gekommen waren, da einmal hochzusteigen und die Aussicht zu genießen. Ab und an erlebt Kleissl es, dass junge Paare die Balustrade vom Wanderweg an der Havel aus erklimmen, um im Garten ihre Decken auszubreiten und es sich gemütlich zu machen. Angewöhnt hat er sich, höflich und konsequent darum zu bitten, nach dem ausgetrunkenen Bier das Betriebsgelände ohne Spuren wieder zu verlassen. Es fällt ihm nicht immer leicht, locker mit den Leuten umzugehen. Ein Grund ist sicher die permanente Verantwortung: immer im Dienst, rund um die Uhr.

Martin Kleissl interessiert sich für Geschichte, vor allem für die Ereignisse des Zweiten Weltkrieges. Einen Bezug zur preußischen im Speziellen hat der in Göhlsdorf, nahe Kloster Lehnin, geborene Mann jedoch nicht. In seiner Kindheit brachten die obligaten Familienausflüge nach Sanssouci keine Annäherung an vergangene Fürstenepochen.

Bekannt ist ihm, dass die Wasserspiele Sanssoucis unter der Ägide von Friedrich II. von Anfang an Funktionsprobleme aufwiesen. König Friedrich Wilhelm IV., welcher das Gelände des königlichen Baudepots an der Havelbucht für die Moschee erwählte, beauftragte Ludwig Persius im Jahre 1840 mit der Errichtung des Bauwerkes. In der ersten Hälfte des 19. Jahrhunderts sei eine solche Moschee im Zuge des Zeitgeistes nichts Ungewöhnliches gewesen. Das Minarett diente einst als elegant kaschierende Verblendung eines Schornsteins.

Der sich in Selbstoffenbarung bekennende Eigenbrötler Martin Kleissl öffnet sein Fenster nach Süden: Aussicht über die Havelbucht. Kähne treiben, gegenüber sitzen ein paar Männer auf Bänken. „Es gibt jeden Tag schöne Momente. Der heutige Morgen war wie einer in der Bretagne, mit Frühnebel, eine halbe Stunde später dann strahlender Sonnenschein. Ich lass es auf mich wirken."

Sein Sohn besucht ihn regelmäßig. Sie verbringen Zeit miteinander, das ist ihm wichtig. Bilder mag er, Frauen – echte und auf gemalten großen Plakaten – und Bücher. 16 Kisten sind davon noch unterzubringen. Vielleicht finden sie ihren Platz im Flur. Um das Motorrad kümmert er sich auch, es steht in der Halle hinter den historischen Dampfmaschinenkammern. Daran gibt immer was zu werkeln.

Hier arbeiten zu dürfen, erfüllt ihn. Er ist zufrieden. „Zufriedenheit ist das Wichtigste, was ein Mensch haben kann", sagt er zum Abschied.

Maurische Vorbilder dienten mit ihrer reichen Ornamentik der Gestaltung des Maschineninnenraums. Martin Kleissl innerhalb der schrankartig die Dampfmaschine umschließenden Arkaden, inmitten von zitierten Schmuckformen der bis in die Kuppel hineinreichenden orientalischen Schablonenmalerei. (Zitate aus der Alhambra bei Grenada und aus der Moschee von Cordoba)

Bus 1

Dres. Heide und Heinz Schönemann

Dres. Heide und Heinz Schönemann

Germanistin und Filmwissenschaftlerin sowie Kunsthistoriker, ehemaliger Schlösserdirektor, stellvertretender Generaldirektor und Stiftungskonservator

„Kopf mit Maske"

Fasanerie

Das Ehepaar strahlt eine eigenwillige, zurückhaltende Noblesse aus. Besucher werden zur Tür hineingebeten. Ausgiebige, höfliche Begrüßungen und Verabschiedungen sowie das Servieren von Tee und Gebäck am Nachmittag im Studienzimmer erinnern an Rituale der alten aristokratischen Gesellschaft. Die Schönemanns nehmen sich Zeit, über die Dinge und ihre Bedeutungen vertiefend nachzudenken. Auf dieser Grundlage verdichten sich sofort atmosphärisch Ausführungen und Dialoge. Zeit wird hier zum eigenständigen Begriff. Sie tickt im Tonfall der Jahrhunderte und respektiert sorgfältig Bewahrtes.

Seit 1978 ist die Fasanerie Lebensmittelpunkt der Doctores Heide und Heinz Schönemann. Dort, wo einst der König nach Belieben während eines Kurzbesuches seine Pausen einlegte, um – der Mode folgend – Fasanenzucht zu betreiben und damit Prestige, Vergnügen und eine feine Speisekarte zu bedienen. Die Familie Schönemann lernte persönlich noch einen besonderen Menschen kennen, welcher nahezu sein gesamtes Leben (1906–1981) in der Fasanerie verbrachte und ihr diesen Ort im Zeitenwandel lebendig werden ließ, insbesondere die Kaiserzeit und die 1920er-Jahre. Fritz Großkopf hieß er und wollte ursprünglich Matrose werden. Er kam aus dem Domestikenmilieu, und sein Vater war der letzte Fasanenpfleger von Sanssouci. Gesellschaftliche Umbrüche durch Weltkrieg und Revolution bewirkten, dass Fritz Großkopf die Tradition nicht fortführen konnte, denn die Fasanen verschwanden 1918 für immer aus Sanssouci. Aber auch aus dem Traum, zur See zu fahren, wurde nichts. Großkopf lernte Autofahren und arbeitete fortan als Kraftfahrer und Gärtner für die Schlösser und Gärten von Sanssouci. Als eine wandelnde Chronik charakterisiert man ihn. Eine Persönlichkeit, welche die enge Verbindung zwischen den Menschen und ihrer Wirkungs- und Wohnstätte verständlich machte: „Ja, wer soll denn hier sonst wohnen, wenn nicht die, die hier arbeiten?"

Das Angebot, Schlösserdirektor für Sanssouci zu werden, erreichte Dr. Heinz Schönemann im Frühjahr 1968. Er sollte für die Sammlungen als solche und für denkmalpflegerische Aufgaben verantwortlich sein. In Potsdam brachte man in Erfahrung, dass der Kunsthistoriker denkmalpflegerische Kenntnisse am Schweriner Institut erworben hatte, und wusste von seiner Mecklenburger Zeit und seiner besonderen Vorliebe

Uwe Pfeifers Bildnisse von Dr. Heide und Dr. Heinz Schönemann, Öl auf Hartfaser, 1986/1984.

für das 19. Jahrhundert, für Schinkel sowie für Schinkelschüler. Auch als Leiter des halleschen Moritzburgmuseums hatte er sich einen Namen gemacht. Heinz Schönemann sammelte zu dieser Zeit vor allem Bildende Kunst des 20. Jahrhunderts. Sein berühmter Vorgänger Max Sauerlandt (1880–1934) hatte kühne Entscheidungen getroffen: Nolde vor dem Ersten Weltkrieg zu kaufen, war eine solche Entscheidung. Dieser Tradition folgte auch Heinz Schönemann. Noch waren die Werke der folgenden Generation aus den 1920er- und 1930er-Jahren zu entdecken, die durch eine Zeit heftiger politischer Spannungen hindurch erhalten geblieben waren. Außerdem hatten die eigenen Zeitgenossen umstrittene Entscheidungen im Hinblick auf den Ankauf von Malerei und Plastik getroffen, von Werken, die weder kanonisiert noch allgemein anerkannt waren. So entstand ein Lebensziel in Halle. Dr. Schönemann lehnte das Angebot aus Potsdam ab.

„Die DDR war in vielen Punkten altmodisch. Wenn man den dogmatischen Sozialismus nicht aktiv störte, dann störte man auch nicht. Und wenn man sein professionelles Wissen und Gewissen einsetzte, konnte man auch handeln."

Die Germanistin Heide Schönemann ist Mutter von drei Kindern und setzte – parallel zu ihrer soliden Basisarbeit für die Familie – ihre wissenschaftliche Forschung fort. Ihr Ziel war eine Dissertation über die Filmstoffe Konrad Wolfs. Das bedingte zähe Archiv- und Bibliotheksarbeit. Dabei gewonnene Erkenntnisse über die Ursachen von Erfolg und Scheitern der Arbeiterbewegung belebten die Diskussionen auch mit Gleichgesinnten über einen anderen Sozialismus als den gegenwärtigen.

Dann kam der Tag, an dem Panzer rollten. Sie zerstörten mit einem Schlag aufkeimende Hoffnungen von Künstlern und Intellektuellen auf Reformen in einem erstarrenden Land, Hoffnungen, welche unter aufmerksamen Blicken nach Prag entstanden waren. Auch ein Wandlungsprozess, der sich seit Ende der 1950-Jahre in der Sowjetunion abgezeichnet hatte, war endgültig gescheitert.

Dieses Scheitern übertrug sich auf Einzelschicksale. Dr. Heinz Schönemann beschreibt es für sich mit dem Bild vom „absoluten Loch". Seine Frau suchte mit ihm gemeinsam nach einem Ausweg, einer Alternative. Letztere begründete sich im reduzierten Anspruch, jenseits von Politik „wenigstens anständige kunsthistorische Arbeit" machen zu wollen. In dieser Situation erhielt das wenige Monate zuvor ausgeschlagene Angebot neue Bedeutung. Schönemanns entsprechend motiviert geführtes Telefongespräch mit Potsdam wurde erwidert mit den Worten: „Ja, dann kommen Sie mal!"

Das Potsdam jener Zeit beschreibt das Ehepaar Schönemann als Stadt mit geringer Anziehungskraft. Die Altstadt, lieblich, klein und altmärkisch, empfanden sie gegenüber dem großstädtischen, unter der Chemieluft leidenden Halle als angenehm. Aber im politischen Potsdam fehlten ihnen die liberalen Kontakte aus Halle und der Nachbarstadt Leipzig. Ein Leben hier? Der zukünftige Schlösserdirektor meinte zu seinem Generaldirektor: „Ich würde gern hinter dem eigenen Zaun leben. Hinter dem eigenen Zaun, das heißt in Sanssouci. Auf der Insel." Die Schönemanns haben es auch wörtlich so gelebt, im Holländischen Etablissement des Neuen Gartens – zumindest anfangs.

Als Schlösserdirektor organisierte Dr. Heinz Schönemann die Nutzung der Bauten als Museumsschlösser und gleichzeitig ihre denkmalpflegerische Erhaltung. Ihm unterstellt waren die für die Erschließung und Pflege der Sammlungen zuständigen Kustoden und die für die Hausordnung der Schlösser verantwortlichen Kastellane. Er erinnert sich: „Die DDR war in vielen Punkten altmodisch. Wenn man den dogmatischen Sozialismus nicht aktiv störte, dann störte man auch nicht. Und wenn man sein professionelles Wissen und Gewissen einsetzte, konnte man auch

Dres. Heide und Heinz Schönemann

„Kopf mit Maske" des Bildhauers Theo Balden, Terrakotta, 1964: Als ein Symbol dafür, „sich selbst nicht verlieren zu wollen", nach Potsdam mitgebracht. In der Bibliothek, welche das Paar zudem als Arbeitszimmer nutzt, wirkend.

handeln. Viel hat sich in der Struktur der Schlösserverwaltung seit ihrer Gründung 1927 nicht geändert." Mit einer von ihm als stellvertretendem Generaldirektor geschaffenen Denkmalpflegekommission fasste er die Meinungen der Fachabteilungen zusammen und schuf ein Organ für eine kollektive Entscheidungsfindung. Nach der Vereinigung der Berliner und der Potsdamer Schlösserverwaltungen führte er seine begonnene Arbeit als Stiftungskonservator weiter. Gute Kenntnisse gegenwärtiger Kunst erlaubten es ihm auch, unwiederbringliche Verluste an Originalsubstanz durch den Erwerb zeitgenössischer Werke auszugleichen.

Weniger die Kastellane, sondern vielmehr die Reviergärtner waren in Sanssouci einst hoch angesehene Leute. Sie besaßen eine gewisse Macht, da sie von den Königen sehr geschätzt wurden. Das Ohr der Obrigkeit blieb ihnen zugeneigt. Solange es Könige gab, bestand deshalb zwischen den Gärtnern und den Kastellanen eine schwierige Koexistenz. Ein Erbe, welches sich lange hielt. Zu Herrn Dr. Schönemanns Antritt kommunizierten auch die Abteilungen Schlösser und Gärten nicht miteinander. Aber dem jungen Schlösserdirektor lag sehr an einer engen Kooperation, und er sorgte dafür, dass man fortan zur Überraschung aller gut miteinander auskam. So lud seine Frau in Sorge um den Hausgarten an der Eichenallee eines Tages den Reviergärtner und den Gartendirektor zusammen an den Kaffeetisch ein. Der kleine Gärtner und der große Direktor! Im Verständnis des alten Unterwürfigkeitsverhältnisses waren das zwei Ebenen, die nicht zusammengingen. Und nun saßen sie sich plötzlich beim Schlösserdirektor zu Hause gleichberechtigt gegenüber. Frau Dr. Schönemann brachte dies auf ewig Sympathien des Reviergärtners ein.

Sie ist die Frau, welche stets ein wenig hinter ihrem charismatischen Mann, dem intellektuellen, brillanten Denker und Redner, steht. Aufmerksam, häufig schweigend und dennoch im ständigen Dialog mit ihm. Sie brauchen einander. „Wir sind eine Familie wie eine Burg. Ohne diesen Zusammenhalt hätte das keiner von uns durchgehalten. Aber es hat auch seine Nachteile. Der Verkehr mit anderen geht sozusagen durch eine Membran." Damit meint die Germanistin ihre Schutzfilter gegen Konfrontation und Unverständnis.

Eine beabsichtigte Zurückhaltung von der Tagespolitik ließ sich wider Erwarten gerade in Potsdam nicht aufrechterhalten. Unvermittelt sah sich das Paar in den zu Beginn der 1970er-Jahre aufkommenden „Wandel durch Annäherung" einbezogen. Dadurch wurde auch die Fasanerie ein Ort deutsch-deutscher Gespräche. Manche der damals entstandenen Kontakte existieren bis heute.

An ihrem Vorsatz, eine Dissertation im Bereich Filmgeschichte zu verfassen, hielt Heide Schönemann fest. Obwohl jahrzehntelang niemand den Mut fand, sie als Doktorandin zu betreuen. Als Heide Schönemann ihre Arbeiten schlussendlich in Kartons verstauen und auf den Dachboden verfrachten wollte, bekam sie die Zusage einer Professorin, welche als Gastdozentin in Polen ein Gefühl für kommende Veränderungen entwickelt hatte. Die Zeiten änderten sich tatsächlich, und im Jahre 1989 verteidigte Heide Schönemann endlich ihre Dissertation.

Im Anschluss erarbeitete sie für das Filmmuseum Potsdam eine zunächst in Berlin gezeigte Ausstellung zum 100. Geburtstag von Fritz Lang. Ihre enorme Begeisterung, Film und Bildende Kunst in den Bildvorstellungen zu vergleichen, floss in die aufwendige Gestaltung ein. Ein Erfolg.

Nach Potsdam haben die Schönemanns den „Kopf mit Maske" des befreundeten Bildhauers Theo Balden mitgebracht. Das Antlitz des Kopfes zeigt dem Betrachter aus unterschiedlicher Perspektive verschiedene Ausdrucksweisen menschlichen Daseins. Versunkener Schmerz, tiefgründige Entschlossenheit und gelebte Erfahrung der eigenen Existenz bilden die Grundfesten hinter einer heiteren, beliebigen Maskenmiene. Ein Mahnmal, unter den Anforderungen einer jeden Zeit die wahrhaften Dinge nicht aus den Augen zu verlieren. Diese Auseinandersetzung nimmt der Besucher aus den Räumen der Begegnung in der Fasanerie mit auf den Weg.

Gerd Schurig im Büro des Gartendirektionshauses in Sanssouci, einem Arbeits- und Lebensraum mit langer Tradition. Schon Peter Joseph Lenné, dem die Berliner und Potsdamer Kulturlandschaft eine wesentliche Prägung verdankt, wirkte hier.

GERD SCHURIG
Landschaftsarchitekt und Kustos für Gartendenkmalpflege

„Von den Schichten der Zeit"

Lennéstraße 26, eines der sehr alten Häuser am Kuhtor

Wer ist der Mann, der von sich behauptet, er habe nicht den Drang, sich selbst mit eigenen Gartenanlagen zu verwirklichen? Sondern es wesentlich spannender findet, in Überlegung zu gehen, was Menschen früher antrieb, um genau auf diese oder jene Art Gärten und Parks zu gestalten. Was hat sie dazu bewegt? Welcher Kunstauffassung, welchen politischen und zeitlichen Strömungen unterlagen diese Gestalter und deren Auftraggeber von einst?

Gerd Schurig ist in seiner Dienstbezeichnung „Kustos für Gartendenkmalpflege". Er belegt ein Arbeitszimmer im östlichen Gartendirektionshaus, eine kleine Amtsstube, mit Blick auf das gegenüberliegende Gartenkassenhaus. Darin wird er häufig aufgesucht – von seinen Kollegen, von Fachleuten und Interessierten, die sein Spezialwissen begehren. Im Zuge seiner Ausführungen wird einem aufmerksamen Zuhörer bewusst, dass er Wertungen und Interpretationen meidet. Das ist wohl das Kriterium eines Wissenschaftlers. „Erhaltene originale Substanz dagegen ist messbar und das Maß aller Dinge bei der Gartendenkmalpflege", erklärt Gerd Schurig, „Das ist in der ‚Charta von Florenz' oder auch ‚Charta der historischen Gärten' 1981 international festgelegt worden." Für die Konservierung und Restaurierung ihm anvertrauter Anlagen geht ein Wissenschaftler daher auf Spurensuche. Gibt es welche? Wie könnten sie aussehen? Sind sie an Ort und Stelle zu finden? Herr Schurig nennt es zum Beispiel „Wege ergraben" und „Bestandspläne studieren". Es ist nicht so, dass er es nicht mag, wenn die Kollegen Kunsthistoriker interpretieren. Das kann wunderbar philosophisch, inspirierend, unterhaltsam berühren, doch für ihn ist diese Versuchung geringer.

Woher kommt der Mann, der seit 1985 Sanssouci verpflichtet bleibt? Er stammt aus der Oberlausitz, aus Pulsnitz, und studierte von 1979 bis 1984 an der Technischen Universität in Dresden Landschaftsarchitektur. Auf diesem Fachgebiet war es damals in der DDR die einzige Möglichkeit. Er erwarb sein Diplom im städtebaulichen Bereich, doch Freude gemacht hat es ihm nicht allzu sehr.

Im sachsen-anhaltinischen Mosigkau wurde dem frisch gebackenen Absolventen die Leiterstelle des Gartens übertragen. 14 Hektar und eine der seltenen Orangerien fand er vor. Dazu gehörte eine Gärtnerei mit sechs Gärtnerinnen, einem pensionierten, aber immer noch passionierten alten Baumschulgärtner und einem Maulesel. Der pure Theoretiker, der Wissenschaftler, und eine eingespielte Mannschaft mit ihren langjährigen praktischen Erfahrungen standen sich gegenüber und redeten wohl trefflich aneinander vorbei. Gerd Schurig gesteht sich ein, dass er nicht nur kein „Entwerfer" und „Selbstverwirklicher" ist, sondern auch kein idealer Leiter einer solchen oder jedweder anderen Mannschaft. Personalleitung verlangt ihm ab, was er nicht kann und vor allem auch nicht anstrebt.

Über das Denkmalinstitut in Halle traten verschiedene Persönlichkeiten in das berufliche Leben von Gerd Schurig. Vor allem beeindruckte ihn Dr. Harri Günther, der sich mit den Dessauer Gärten und auch mit Mosigkau beschäftigt und darüber publiziert hatte. Schüchtern, erzählt Schurig, hat er damals dieser Koryphäe gegenübergestanden. Aber mutig genug, um ein Angebot des Gartendirektors von Sanssouci nicht auszuschlagen. Durch eine Umbesetzung wurde die Assistentenstelle in der Potsdamer Gartendirektion frei. Der Vorschlag lautete, dass für zwei, drei Jahre die Möglichkeit bestehe, in den Gärten Sanssoucis planen und recherchieren zu lernen, und zwar alles und anhand dessen, was im Laufe der Jahreszeiten an Arbeiten erforderlich ist. Danach liege einem das Werkzeug fest genug in der Hand, um einen Garten selbst leiten zu können. Entweder Schurig bliebe danach als Revierleiter oder Wissenschaftler oder er ginge zurück nach Mosigkau.

So zeichnete Gerd Schurig Baum- und Gehölzbestandskarten sowie sogenannte Überlagerungspläne, welche nachweisbar angelegte Schichten in ihrer Überlagerung im Boden sowie Gehölze und Rabattenanlagen als aktuelle Zustandsbeschreibung erfassen. Wenn er in einer Wintersaison, in der er zeichnend und vermessend nicht allzu viel machen konnte, nicht in der Plankammer saß und recherchierte, nahm er an der praktischen Arbeit bei Herrn Raudensky im Neuen Garten teil. „Ein richtig fundierter Gärtner war das, einer, der in der Lage war, jedem seiner Mitarbeiter etwas zu zeigen. Er wusste sowohl, wie beim Traktor der Rückwärtsgang eingelegt werden muss, zudem wie man mit dem Radlader planiert, wie eine Motorsäge funktioniert, wie man historisch richtig pflanzt, Hecken schneidet, den Rasen pflegt, pikiert, als auch, wie die Gartenkultur der Orangerie zu versorgen ist, bis hin zum Heizen. Derart umfassende Informationen helfen, um verschiedenste denkmalpflegerische Ideen auf ihre Machbarkeit hin zu prüfen. Mit anderen Worten: Es ist gut zu wissen, welche Auswirkungen die auf dem Papier festgelegten Planungen praktisch nach sich ziehen. Wenn 200 Kürbisse auf einem Beet wachsen sollen, dann kann man errechnen, wie viele Vorkulturen im Gewächshaus, in den Frühbeetkästen und den Mistbeeten erforderlich werden. Dadurch weiß man, dass der Gärtner damit Arbeit hat und zwar dauerhaft", erklärt Gerd Schurig. Im Nachhinein betrachtet, kann Sanssouci als eine ganz entscheidend prägende Einrichtung und Schulungsstätte für die Gartendenkmalpflege innerhalb der DDR bezeichnet werden.

Herr Dr. Günther war es auch, der seinen Schützling auf dessen späteres Spezialgebiet brachte, nämlich das der historischen Nutzgärtnerei. Schurigs Steckenpferde wurden im Besonderen die Pläne, Schriften und baulichen Hinterlassenschaften, die offenbaren, wie es sich früher im Park Sanssouci mit den verschiedenen Gärtnereien verhalten hat. Es gab derer einst sehr viel mehr als heute. Auch das Ananasrevier und die Melonerie, die Weinberge Winzerberg, der Klausberg sowie die Frucht- und Treibkulturen wurden Gegenstand der Untersuchungen. Zwangsläufig, meint Gerd Schurig, hat er sich dann auch mit den Hofgärtnern befasst, in ihrer Reihenfolge, in ihren Zuständigkeiten und Dienststrukturen. Zur Dauerausstellung im Schloss Glienicke hat er mit beigetragen. Sie öffnet dem Betrachter sämtliche Sinne für die kulturelle Hochwertigkeit der international geprägten Bildung der Hofgärtner, für ihre großartigen Leistungen, für ihren Status.

Gerd Schurig fühlt sich nach 28 Dienstjahren als Gartendenkmalpfleger den Stiftungsaufgaben, „Substanz zu bewahren" und „dies auch zu vermitteln", sehr verbunden. Schon vor der Wende wurde seine Assistenz von anspruchsvollen Aufgaben abgelöst. Im Lindstedter Garten zum Beispiel übernahm er Planungs-, Bauleitungs- als auch wissenschaftliche Arbeiten. So wuchs er langsam in die Materie des wissenschaftlichen Mitarbeiters hinein. Aus heutiger Perspektive betrachtet, ist dies ein riesiger Vorteil, denn dieser Tage ist es nicht mehr üblich, als Gartengeselle anzufangen und sein ganzes Leben lang am selben Ort zu verbleiben. Erfahrung kommt mit der Zeit. Und ein Netzwerk von Leuten mit Erfahrungen, mit Fachwissen und Substanzkenntnissen – wie das der „Stiftung" – lässt sich nicht mit Gold aufwiegen. Die Leute dieses Netzwerkes sind auch anders „gestrickt" als beispielsweise freiberufliche, marktorientierte Gestalter: Sie müssen verstehen, wertschätzen, auf Feinheiten achten, um zu restaurieren und ihre Werte entsprechend zu präsentieren. Ein Stamm derartiger Fachleute bildete sich in Sanssouci über Jahrzehnte. Das ist es unter anderem auch, was Sanssouci wie eine „Insel innerhalb Potsdams" erscheinen lässt.

Und ein Netzwerk von Leuten mit Erfahrungen, mit Fachwissen und Substanzkenntnissen – wie das der „Stiftung" – lässt sich nicht mit Gold aufwiegen.

Nach der Ausbildung als Landschaftsarchitekt seien viele verschiedene Beschäftigungsmöglichkeiten denkbar gewesen: „Ich hätte im Städtebau für die Außenanlagen des Potsdamer Platzes arbeiten können. Ich hätte Orts- und Umweltverträglichkeitsstudien erstellen können oder nach dem Studium die Cottbuser Mondlandschaften des Tagebaus rekultivieren, für den Senftenberger See Landschaften entwerfen oder Gärten für schöne Villengrundstücke anlegen können." Nein, es sind die historischen Umstände, frühere Gestaltungsprinzipien, die Qualität damaliger Gestaltung, Originalität, die nicht offensichtlich, aber vorhanden sind, und die ihn buchstäblich in Sanssouci Wurzeln schlagen lassen. Hier lässt sich die auf anderen Gebieten ausgeschlagene Selbstverwirklichung finden. Hier darf sie eine einzigartige Nische belegen.

Nach Mosigkau ist Gerd Schurig nicht zurückgekehrt. Er gründete zu Wendezeiten seine Familie und zog innerhalb der Jahre – „wie die Katze um den heißen Brei" – in den Schlösser-und-Gärten-Wohnungen am Parkrand von Sanssouci mehrfach um. Es lebte sich darin meist beengt, da sich, um ein Beispiel zu nennen, der Anspruch für ein Paar mit einem Kind auf eine Anderthalbzimmerwohnung bezifferte. Nach einem Stübchen mit Küche in der ehemaligen Gärtnerlehranstalt und einer weiteren Zwischenstation ergab sich der Domizilwechsel in das Kavalierhaus. Dort wartete die Familie auf den Umzug in das Häuschen der Lennéstraße 26.

Dieses Haus ist sehr alt. „In friederizianischer Zeit angelegt", weiß Gerd Schurig. Die Grundstücke südlich des Gartens von der Straße bis zum Parkrand wurden in schmale Segmente aufgeteilt. In der Regel verpachtete man sie an Gärtner oder kleine Privatiers, auch um Frucht-, Pflanzen- und Gehölzlieferungen für den Hof abzusichern. Als dieses Haus 1991/92 grundlegend saniert wurde, entdeckte man, dass es um 1840 schon einmal gründlich überholt worden sein musste. Die Form und Grundstücksstruktur des Anfangs blieben erhalten, aber der Duktus des Hauses, so wie es heute zu sehen ist, stammt wahrscheinlich von 1840. Drei oder vier Häuser dieser Art stehen noch in der Lennéstraße, teilweise mit einer sehr langen Tradition behaftet.

Beim Graben im benachbarten Garten fanden sich einzelne Glasmarken, Münzen, Ton- und Glasscherben und gar Reste von Meerschaumpfeifen. Vielleicht ein Indiz dafür, dass hier einmal eine Gastwirtschaft florierte. „Gastwirtschaft oder Gärtnerei?", erwägt Herr Schurig und ist sich nicht ganz sicher. Viele seiner angebauten Kräuter und Früchte verarbeitet er selbst. Eine beachtliche Sammlung aromatischer Schnäpse, Liköre und Marmeladen ist der Beweis. Ob nun mit dem Etikett „Kornelkirsche", „Aquavit" oder „Magenbitter" versehen – „erlesen", „ökologisch" sowie

Der Fachmann Schurig prüft mit einer Wasserpfeife mögliche Schwankungen des Grundwasserstandes, um die Wasserversorgung der alten Bäume im Park Sanssouci zu gewährleisten.

Gerd Schurig mit seiner Tochter Vera. Sie lebt zeitweise bei ihrem Vater im Haus, seine Tochter Eva hält sich momentan in England zum Studium auf.

„mit Liebe verarbeitet" gilt für alle. Beim Verkosten mundiger Mixturen kommen den Verkostenden merkantile Gedanken in den Sinn, dass der Hersteller vielleicht für ein paar Stunden am Wochenende einen Ausschank der individuellen Art für Parkgäste und Freunde (wieder) beleben könnte. Doch derlei Einfälle werden im Handumdrehen verworfen. Es gäbe so viele andere Interessen, die dann zu kurz kämen.

Eine kleine Episode zum Abschluss sei hier gestattet: Herr Hamann, Gerd Schurigs Kollege in der Gartenabteilung, riet dem Neuankömmling 1984: „Wenn Sie hier künftig als Gartenkollege arbeiten und darüber hinaus auch noch singen wollen, dann müssen Sie in den Oratorienchor, zu Herrn Jacob, wo noch sehr viele andere Gärtnerkollegen singen. Dann ist das gewissermaßen obligatorisch!" So fügte sich Gerd Schurig einst der Tradition, die mit Kirchenmusikdirektor Jacobs Pensionierung im Oktober 2013 nun zumindest eine personelle Veränderung erlebte. Nichts bleibt, wie es war, doch in der Überlagerung der Zeiten, in der Erinnerung dokumentiert, Schicht um Schicht.

Martin Herborn
Architekt und Bauleiter, ehemaliger Baudirektor

„Die Sorte von Arbeit"

Winzerhaus

Martin Herborn gerät danach befragt nicht in Versuchung, sein Lebenswerk auf die langjährige Oberbauleiter- und Baudirektoren-Tätigkeit (1981–2001) für die „Schlösser und Gärten" zu reduzieren. Dies ist alles in einem größeren Rahmen zu sehen. Er habe gewusst, dass er der richtige Mann für diesen Job sei. Seine Augen hinter der Brille signalisieren volle Aufmerksamkeit, und der ganze Körper kommt in Bewegung, wenn ihn Themen ansprechen. Es muss ihn interessieren. Alles andere ist Zeitverschwendung. Keine höflichen Ausweichmanöver, sondern ein schroffer Ton, der es deutlich anzeigt. Wer sich führen lässt, erhält verblüffende Antworten: Eindeutig geschlussfolgert, in absichtsloser Ironie und von feinem Humor durchdrungen.

Als Besonderheit seiner beruflichen Biografie resümiert er, dass es eine „Sorte von Arbeit" gab, die ihm, dem handwerklich vorgeprägten Architekten, von Anfang an gefiel: die Denkmalpflege. Und mit ihr das Bauen im Bestand, das Bauen in historischen Anlagen. Sie begegnete ihm früh, diese „Sorte von Arbeit", und verband sich mit einem Gesicht – mit dem Gesicht von Wolfgang Preiß. Er war der einzige Ingenieur in der DDR, welcher Baudenkmäler und deren konstruktive Schäden gutachtlich bearbeitete. Vor seinen Dresdner Architekturstudenten hielt er eine Vorlesung zum Thema „Sicherung von Baudenkmälern", die den jungen Martin Herborn fesselte. Letzterer meldete sich zum „Zeichnen und Rechnen", „knickte" so manche Vorlesung und begleitete seinen charismatischen Lehrer vorzugsweise auf zahlreiche Dienstreisen. Kaum ein Baudenkmal konnte auf Wolfgang Preiß verzichten, ob es um

die Stiftskirche Quedlinburg, um das Schloss Güstrow, um Gewölbe in Görlitz oder um Giebel in Stralsund ging – sie alle waren seine Patienten. Martin Herborn lernte von seinem Vorbild, wie man solche Patienten wahrnimmt und sich ihnen nähert. Was man sehen sollte, wenn man vor einem kaputten Haus, Schloss oder einem rutschenden Felsen steht. Auch wie man diese Dinge in Form von Niederschriften, Zeichnungen und Fotografien dokumentiert, um sie im Büro verfügbar zu haben. Vor allem aber lernte er die gewisse Ruhe, die man aufbringen muss, um ein Gebäude, dessen Giebelfachwerk bereits zu zwei Dritteln herausgefallen ist, nicht unversehens und blind zu betreten.

Pionierarbeit „Denkmalpflege". In den 1960er-Jahren, einer dafür unpopulären Zeit. Jedes Haus war es wert, gerettet zu werden. Man stand sich gegenüber: Diejenigen, die diese Einstellung teilten, und jene, die

Denkmalpflege an sich infrage stellten: Wozu? Diese Frage war an jedem Haus, das Martin Herborn inspizierte, mühsam und neu zu diskutieren. Es galt, Kontroversen auszuhalten und Kompromisse zu finden. Als Stadtplaner projektierte und bauleitete er, um Erfahrungen zu sammeln. Eine Strukturänderung aber versetzte ihn in eine Institution, die ihn von seiner Sorte Arbeit auf Baustellen fernhielt. Ertrug er das? Ja, aber nicht lange. Er floh zur Wissenschaft – innerhalb der kleinen, übersichtlichen DDR – nach Berlin in die Bauakademie. Er war naiv. Er glaubte, dort mit einer profunden Arbeit über Stralsund die kennengelernte Enge des nachhansischen Planungsdenkens aufbrechen zu können. Seine Hoffnungen erfüllten sich jedoch nicht. Nach einjähriger Akademieeinkehr zog es ihn wieder in die expandierende, einstige Hansestadt Stralsund zurück. Inzwischen hatte sich dort ein Büro für Stadtplanung bilden dürfen. Martin Herborn suchte weiterhin die Patenschaft zu abrissbedrohten Giebelhäusern, welche Baudenkmäler der ersten und zweiten Kategorie der Zentralen Denkmalliste darstellten. Er sanierte als planender Architekt und ausführender Bauleiter in Personalunion ein Giebelhaus am Neuen Markt. Seine Arbeit wurde mit einem Architekturpreis belohnt. Damit schien der Durchbruch, alle Häuser ernst zu nehmen, gesichert.

Doch überraschend kam es zum Bruch. Scheinbar banale Vorgeschichten forcierten eine schwerwiegende Konsequenz: „Die Stadt Stralsund, Herr Herborn, verzichtet gern auf Ihre Arbeit. Wie Sie sich dem Herrn Oberbürgermeister gegenüber aufgeführt haben, ist unerträglich! Ich sage Ihnen das unter vier Augen. Sie bekommen das nicht schriftlich. Sehen Sie sich nach einer neuen Arbeit um." Was war geschehen? Geschehen war, dass der amtierende Oberbürgermeister es nicht ertrug, dass er von einem seiner subalternen Mitarbeiter aufgefordert wurde zu handeln. Martin Herborn ging es immer und geht es immer noch um die Sache an sich. Um Tatsachen und Möglichkeiten. Um die Entwicklung von vernünftigen Strategien und deren Umsetzung. Schachbrettdiplomatie ist von Martin Herborn nicht zu erwarten. Konsequent nutzte er das Mittel der „Eingabe" immer wieder und wollte nicht begreifen, dass ein Stralsunder Oberbürgermeister der 1970er-Jahre kein Interesse daran hatte, den „Volkseigenen Betrieb (VEB) Kohlehandel", welcher die Kohlen nicht in die Keller trug, sondern an die Häuserfassaden „knallte", zur Ordnung zu rufen. Seine Überzeugungen verbrauchten viel Kraft. Sie waren dieselben, mit denen er nach einer neuen Arbeit suchte.

Freunde vermittelten ihn nach Neustrelitz. Die Oberbürgermeisterin gab ihm die Investruine Orangerie – ein halb fertiger, verwaister Bau ohne Dach – in Verantwortung. Erneut als Planer und Bauleiter. Er schätzte diese Kombination, welche ihn auch auf dem Stützpfeiler seines ersten Berufs, dem des Maurers, gut konsolidiert. Menschen, die seine Anweisungen erhielten, hatten jemanden vor sich, der wusste, was er tat. Die Oberbürgermeisterin, welche die Abzeichen der Vereinigung der Verfolgten des Naziregimes (VVN) und der Sozialistischen Einheitspartei Deutschlands (SED) gleichermaßen am Revers trug, bewies mit ihrer souveränen Leitungstätigkeit, dass bürokratische oder anderweitige Misstrauensanträge unter ihrer Ägide nicht zu fürchten waren. Martin Herborn holte die Sache aus „dem Knick", wie er sich ausdrückt. Eine alte berufliche Verbindung lieferte auf freundschaftliche Weise – also ohne offiziellen Antrag, ohne die sogenannte Bilanz – das, was fehlte: Dachbinder, Dachschalung, Zimmerleute und Dachdecker. Bereits nach sechs Wochen rollte überlanges Gefährt vor die Ruine, und im Handumdrehen war die ganze Sache oben drauf. Daraufhin schmiss die Bürgermeisterin ein Richtfest. Dies ließ den Nicht-Neustrelitzer Herborn im Ansehen aller, die er für seine Ruine brauchte, sehr steigen.

Die folgenden berufsbiografischen Erzählungen erinnern an Sinuskurven. Hoffnungsvolle Ausblicke und schmerzliches Scheitern lösten sich inmitten des belastenden Chaos der DDR-Baubranche ab. Im Nachhinein gesehen, fragt man sich, wie überhaupt etwas unter diesen Bedingungen entstehen konnte. Martin Herborn blieb nicht in Neustrelitz. Die „Frau Oberbürgermeisterin" war eines Tages nicht mehr im Amt, und damit versiegte der Fluss des Geldes für die Orangerie. Ein Verbrechen, halb fertige Häuser sich selbst zu überlassen.

In dieser Zeit wurde es auch zur Gewissheit, dass seine erste gegründete Familie zerbrach. Heide Herborn, die zweite Frau an seiner Seite, öffnete ihm Ende der 1970er-Jahre ihre Tür in Potsdam. Bis heute unterstützt sie ihren Mann maßgeblich. Seit 1982 leben sie im Winzerhaus am Weinberg. Aus heutiger Sicht ist, hier zu wohnen, vermutlich ein Privileg. Und zu DDR-Zeiten war es ein Privileg, vier Wände und ein Dach „für sich selbst", wenn auch in brandruinösem Zustand, vom Eigentümer – der Staatlichen Verwaltung Schlösser und Gärten Potsdam-Sanssouci – übertragen zu bekommen, um alles zu sichern und die eigene (Miet-)Wohnung darin auszubauen. Das Haus erzählt eine besondere Geschichte, in der Martin Herborn vor allem als Handwerker, und mit seiner Familie als „Instandbesetzer", in Erscheinung tritt.

Für Außenstehende mag die Bewohnung des Hauses in Sanssouci ein Indiz dafür sein, für die Stiftung zu arbeiten. Das stimmt aber nicht. „Andere wohnen ähnlich herausragend", so Martin Herborn. Dem ehemaligen Patienten Winzerhaus sieht man den Brand und die Wasserschäden von 1980 heute nicht mehr an. Es strahlt in noblem Glanz und Zurückhaltung gleichermaßen am Südhang über den Terrassen. Aufrecht bewachen dort oben vier stattliche Koren, mit ihren Blicken zum Friedensgarten und auf das östliche Ende der großen Wegeachse im Park Sanssouci ausgerichtet, die Loggia des toskanischen Turmhauses.

„Aus heutiger Sicht ist, hier zu wohnen, vermutlich ein Privileg. Und zu DDR-Zeiten war es ein Privileg, vier Wände und ein Dach ‚für sich selbst' übertragen zu bekommen."

Zurück zum Indiz: eine Tätigkeit für die Schlösser und Gärten. Oberbauleiter Arthur Pilz stand kurz vor seinem Ruhestand. Generaldirektor Mückenberger konnte im August 1981 arrangieren, dass das Duo Herborn-Pilz ein Vierteljahr lang Seite an Seite in doppelter Planstelle agierte. Erleichtert und motiviert begann der Neuankömmling, die Arbeiten zu sichten. Hier entkam er dem irrsinnigen Stress seiner vorherigen Oberbauleitung bei der Erweiterung des Bergmann-Klinikums. Da war sie wieder, die Denkmalpflege. Ein wunderbares Gefühl. Sonderbar jedoch hinsichtlich der für den Bau im öffentlichen Dienst benötigten staatlichen Bilanzierung. „Bilanzen? Ja, die gibt es bei uns", meinte Arthur Pilz, „aber die kannst du hier nicht gebrauchen! Alle Firmen, die wir beschäftigen, arbeiten gern für uns. Die kommen und fragen: ‚Habt ihr Arbeit?' ‚Wir haben immer Arbeit!' Es spielte sich auch genau so ab: Im Januar kamen die Zimmerer, Maurer, Rohrleger, Klempner, Elektriker, Maler. Sie alle wussten, dass Arbeit vorhanden, die staatliche Zuweisung aber frühestens im April/Mai zu erwarten war. Diese Lücke der Planwirtschaft tat sich jedes Jahr auf." So ergab sich für Martin Herborn in strenger wie schöner Folge, dass er den Firmen, die er per Handschlag beauftragte, lediglich – und ohne mögliche Umwege über das Vertragsgericht – körperlich auf den Fersen bleiben musste. „Da ist auch wirklich was geworden. Die Tradition trug uns."

In den ersten Jahren fuhr er mit dem Fahrrad durch Sanssouci, durch den Neuen Garten, nach Babelsberg. Für Körper und Seele bekömmlich, aber nicht gut für die Effizienz. So wechselte er den Beritt und erhielt einmal in der Woche den Dacia des Generaldirektors. Es war der einzige Pkw der Schlösserverwaltung. An diesem Tag fuhr ihn der Chauffeur zu allen aktiven Baustellen. Es brachte ihm innerhalb eines Jahres den guten Ruf ein, regelmäßig und sachgerecht vor Ort einzuschätzen, ob die Abnahmen pünktlich vollzogen werden konnten oder nicht. Als die Märkischen Schlösser hinzukamen, ging nichts mehr ohne Führerschein und Auto. Die Zeit kurz nach der Wende brachte auch ein wachsendes Bewusstsein der Menschen gegen vergangenes unrechtes Tun hervor. Jedes Detail der Offenbarungen verursachte hohe Wellen. Martin Herborn wurde Vorsitzender einer in freier Wahl gebildeten Arbeitsgruppe zur Aufarbeitung von Verstrickungen von Mitarbeitern der Stiftung in die Machenschaften des Ministeriums für Staatssicherheit (MfS), nach zehnjähriger Leitung der internen, wertgeschätzten

Martin Herborn in seinem privaten Arbeitsrefugium des Winzerhauses in Betrachtung seiner Zeichnungen. Aus den während seiner Dienstzeit umfangreich und permanent entstandenen beruflichen Informationen und Absprachen stellte er seinerzeit die „Zettelwirtschaft" ordnend und beherrschend als „Rapportbücher" zusammen und ließ sie binden.

Die obenauf liegende Zeichnung zeigt das Marshall-Keith-Haus – am sogenannten „Affengang" gelegen. Herborn, 1991–2001 Baudirektor der Schlösser und Gärten, arbeitete „in seinem strukturell komplizierten Geschäft" mitunter auch zwölf bis 14 Stunden am Tag in seinem Büro.

Konfliktkommission. Seine integre Haltung war längst bekannt. Als die Gauck-Akten kamen, gab es selbstredend Personalschwund.

1991 wurde aus der bisherigen Schlösserverwaltung eine zunächst ungewohnte Körperschaft: eine unselbstständige Stiftung. Um die Jahreswende 1992/93 entwickelte man eine neue Verwaltungsstruktur und setzte diese in Kraft. Und innerhalb dieser wurde Martin Herborn im Juli 1992 zunächst amtierender, im Oktober 1993 berufener Baudirektor.

Zwischen 1991 und 1993 erstellte er Bauhaushalte aufgrund von Baubedarfsanalysen. Objektgerechter Bedarf in geschätzten Summen für das nächste Jahr. Eine schwierige Angelegenheit, wenn man bislang noch nie in der neuen Währung Leistungen kalkuliert und bezahlt hatte. Mit den Jahren wurden die Vorschriften länger und auch die zu planenden Zeiträume. Da überall alles gemacht werden musste, bedurfte es einer Rangfolge. Dächer, Regenrinnen, undichte Fenster, kaputte Türen und dergleichen waren auf der Prioritätenliste immer ganz weit vorne. Die Stiftung unterhielt damals 15 Schlösser, 153 Gebäude und bauliche Anlagen. Sich zu all diesen Reparaturen kalkulative Gedanken machen zu müssen, erscheint als ein einziger Wahnsinn. „Enttäuschung habe ich mir abgeschminkt. Wer so lange in Trümmern gearbeitet hat, ist nicht mehr enttäuscht. Ja wirklich! Der freut sich über jeden Stein." Martin Herborn sieht in den heutigen sogenannten Masterplänen die Fortsetzung seiner Arbeitsweise auf höherem Niveau. Seine Bauleitungsgeneration hinterließ ein Erbe, auf dessen Basis sich Masterpläne gut entwickeln ließen, schätzt er heute ein. „So ein „langfristiges Möbel" lässt sich nur erdenken, wenn man nicht aus der Dringlichkeit der Materie heraus von A nach B nach C und D gehetzt wird. Man muss es auch breit ausführen können."

Momentan freut sich der gebürtige Nordhäuser am Winzerberg am meisten über die medizinische Hilfe zur Erhaltung seiner Beweglichkeit. Seine schroffe Art hat Urlaub. Auf der Loggia in der frühmittäglichen Sommerhitze entsinnt er sich eines Wilhelm-Busch-Gedankens: „Mit der Zeit wird alles heil." Aber da hat der Dichter mal nicht recht, weil Leben und Geschichte so nicht sind. Weil alles, was heil ist, in der Zeit altert und seinem Zerfall entgegengeht. Dagegen hilft nur unverdrossene, immerwährende Instandsetzung. Er war mit Sicherheit der richtige Mann für den Job und für die Sorte von Arbeit.

Uta Scholz

Uta Scholz
Restauratorin und Leiterin des Fachbereiches Porzellan, Keramik, Glas

„Weiße Welten"

Haus des königlichen Hofpoliers

Es ist einer dieser seltenen Dezembernachmittage, an welchen frühe Dämmerung und schwerer feuchter Schnee auf Baumgiganten und Strauchwerk im Park drücken. Alle Nebenwege zum Neuen Palais liegen nahezu unberührt oder sind mit ein paar wenigen geradlinigen tiefen Stapfen markiert. „Russischer Winter" fällt einem ein. Die kompakte weiße Hülle der Umgebung lässt nach innen atmen und nach außen staunen. Sanssouci trägt in diesen Momenten einen zeitlosen Mantel der vorigen Jahrhunderte.

Auf den geschwungenen Sandsteinstufen zum kleinen Nordflügel, dem Hofdamenflügel, wurde der Schnee betreten, und dies beweist, dass hier Menschen passieren. Zahlreiche Schlosstüren berühren das Treppenpodest. An der Fassade befinden sich zwei angebrachte Klingelschilder: „Grafikwerkstatt" zum einen und zum anderen „Werkstatt Porzellan, Keramik, Glas". Hier erhält man, über einen winzigen Eingangsbereich geleitet, Einlass in die Werkstatt. Dieser untere Bereich von zwei Etagen beherbergt einen Brennofen, eine Töpferscheibe und einen Arbeitstisch am Fenster. Auf ihm wartet ein eigenwilliger, dekorativ zusammengesetzter und bemalter Porzellanteller. Ein Kunstobjekt von Uta Scholz. Zufällig liegt er hier. In diesem Augenblick trifft ihn sanfter Purpurschein des einsetzenden Sonnenuntergangs.

Nach oben führt schmal eine weiße Holzwendeltreppe. Linker Hand, im offenen Raum des Zwischengeschosses, nehmen zwei Schreibtische

Platz. Vor dem ovalen Fenster gen Osten steht eine große Glasvitrine künstlerisch drapiert mit Accessoires. Rechter Hand betritt man die Restaurierungswerkstatt. Darin gibt es Wasserbecken, Regale und Ablagen, einen Arbeitstisch mit Abzugshaube, Mundschutz, Sandbehälter als Steckkissen für die kleinen restaurierten „Patienten" im Klebevorgang, Feilen, scharfe Seziermesserchen sowie Schubfächer angefüllt mit Porzellanersatzstoffen, Pigmenten und Pulvern sowie Dutzenden kleiner Bruchstücke.

Uta Scholz steht als Persönlichkeit in und zu diesen Räumen. Sie erinnert mit ihren kupferfarbenen langen festen Haaren, mit ihrem prüfenden Gesichtsausdruck, an eine Alchimistin und beschreibt ihre Tätigkeit auch als solche. Immer wieder aufs Neue lässt sie sich ein, denn jede Restaurierung, Kopie oder Rekonstruktion verlangt von ihr Einfühlungsver-

Uta Scholz reinigt mit ihrer Kollegin Bettina Schneider den Porzellankronleuchter der KPM Berlin in der Jagdkammer des Neuen Palais.

mögen und umfassende historische Sachkenntnis. Jedes Stück, welches durch ihre Hände ging, wurde sorgfältig geprüft, analysiert, dokumentiert, bearbeitet und – im wahrsten Sinne des Wortes – begriffen. Diese Art von maßnehmender Hand- und Erhaltungsarbeit setzt Energien frei: die von Zuneigung, Liebe, Mütterlichkeit.

Zustandserfassung ist der erste Schritt. Dabei fotografiert und untersucht sie vor dem Reinigen ihren Restaurierungsgegenstand, entfernt Verklebungen. Bei Fehlendem muss sie nach Ergänzungen suchen. Modellierwachsstreifen helfen ihr, die Form zu erfassen. Nur sehr selten – fast nie – arbeitet sie mit dem Originalstoff Porzellan weiter. Ersatzstoffe, einer davon ist Keramin, müssen erprobt und auf Porzellan getrimmt werden. Beim Brennen entsteht Schwund. Diese Tatsache muss beim Zusammenfügen von dem alten mit dem neuen Stoff von ihr beachtet werden. Die Restauratorin erläutert dies vor dem Hintergrund der aktuellen Restaurierung einer edlen weißen Meißner „Zarin-Elisabeth-Vase", die unter Friedrich II. um ungefähr 1745 in das Schloss Sanssouci kam. Wahrscheinlich hat er sie nach dem Siebenjährigen Krieg aus Meißen für seine weiße Sammlung mitgenommen. Die Vase war stark verschmutzt und unsachgemäß gekittet. Überraschenderweise fiel sie beim Waschen in 100 Einzelteile. Auch für die Vorgänge des Klebens, Kittens und für farbige Ergänzungen sucht Uta Scholz probierend nach Ersatzstoffen. Ihr inzwischen hoch spezialisiertes Können wuchs über die Jahrzehnte. Ein Kollege nannte sie kürzlich „eine Koryphäe", eine herausragende Persönlichkeit ihres Fachgebietes. Und er ist gewiss nicht als Einziger dieser Meinung.

Rückblickend benennt Uta Scholz ihre erste berufliche Station mit „Meißen". Gute Verbindungen führten das Mädchen aus Egelinde im Fläming zur Aufnahmeprüfung in die Sächsische Porzellanmanufaktur. Sie ließ die Wälder des Hohen Flämings, den Dreiseithof nebst Mühle am Bach und ihre geliebten Eltern erstmalig hinter sich. Im ersten Jahr von insgesamt vier Lehrjahren zur Porzellanmalerin lernte sie mit Begeisterung, zu zeichnen und die Natur zu studieren. Darauf aufbauend setzte sie sich mit indischen und asiatischen Motiven, wie zum Beispiel Fantasieblumen, Drachen und Paradiesvögeln, auseinander. Auch dieses bereitete Uta Scholz Freude und stellte für sie einen Zugewinn dar, aber sie malte dabei streng nach Vorlagen und durfte ihre eigenen Vorstellungen nicht einbeziehen. Sie fühlte schon zeitig auch eine drängende eigene Kreativität. Sehr bald gestand sie sich ein: „Wenn ich hier als Porzellanmalerin bleibe, dann bleibe ich für immer."

Nach Brandenburg zurückgekehrt, entstand der Wunsch, die berufliche Entwicklung in der „Porzellanrestaurierung" und in den Potsdamer Schlössersammlungen zu versuchen. Vorerst ließ sich noch nichts Konkretes finden und umsetzen. In dieser Situation bewarb sie sich „schweren Herzens" an der Fachschule für Werbung und Gestaltung im Schulteil Potsdam und erhielt einen Studienplatz im Bereich „Restaurierung für Architekturfassung", welcher an ein Vorpraktikum gekoppelt war. Einen entsprechenden Praktikumsplatz fand Uta Scholz zum 3. Februar 1980 in Sanssouci. Es sollte gleichzeitig der Beginn einer bislang 34 Jahre währenden Dienstzeit in Festanstellung sein. Sie vergoldete als Erstes die Decke in der Bibliothek der Königswohnung im Neuen Palais und mochte die Tätigkeiten, dennoch forschte sie weiter, ob nicht doch etwas für ihr Metier „Porzellan" zu finden wäre.

Im Museum für Deutsche Geschichte in Ostberlin gab es eine Abteilung „Weiterbildung" mit verschiedenen Fachrichtungen wie Porzellan, Glas, Papier, Metall sowie Textil. Viele der Fachleute, die heute in Sanssouci arbeiten, absolvierten dort ihr Studium. Aufgrund eines Hinweises ihres Chefrestaurators Grimm fand sie heraus, dass man 1981 wieder immatrikulierte. Für dieses Fernstudium bedurfte es zur Zulassung eines Grundberufes und eines delegierenden Betriebes. Ihr Betrieb „Sanssouci" willigte ein. „Zu diesem Zeitpunkt hatte vor Ort noch niemand Porzellan, Glas oder Keramik restauriert", erinnert sie sich. Ihr wurde eine kleine Werkstatt zur Verfügung gestellt. Anfänglich war es nur ein Raum. Zur Delegierung kam auch gleichzeitig die Zusicherung, nach dem Studium hier weiter arbeiten zu können. Im erforderlichen Vorpraktikum arbeitete

Als freie Künstlerin gestaltet Uta Scholz in ihrem Atelier im „Haus des königlichen Hofpoliers" Materialcollagen auf diversen Untergründen. Ausgewählte Werke stellte sie mit Erfolg bereits öffentlich aus.

Uta Scholz in der Abteilung „Vorderasien" im Pergamonmuseum. Während dieser Zeit restaurierte sie bereits in ihrer Sanssouci-Werkstatt auch einige Dinge aus dem hiesigen Depot, um ihr frisch erworbenes Wissen zu Materialien und Techniken anzuwenden. 1985, nach vierjährigem Studium, war sie „Restauratorin für Kulturgut aus Keramik und Glas".

Heute betreut Uta Scholz alle Schlösser der Stiftung, und zwar mit allen Problematiken: „Es fängt mit Porzellanfiguren an und geht mit Gefäßen aus Porzellan, Glas, mit Spiegeln, Fensterscheiben, Ofenkacheln, keramischen Fußboden- und Wandfliesen sowie Kronleuchtern weiter. Es ist sozusagen alles dabei. Seit 1995, seitdem die Schlösserverwaltungen wiedervereinigt im Verbund arbeiten, kamen für mich auch immer mehr Schlösser dazu. Das schlug sich auf einmal in einem zusätzlichen, riesigen Ausmaß an Arbeit nieder." Andere Fachbereiche – wie die Gemälde-, Textil- und Holzrestaurierung – bekamen Kollegen aus Berlin hinzu, Uta Scholz blieb bis 2013 Einzelkämpferin.

Einzelne Objekte darf sie zur Restaurierung an freischaffende Kollegen auf der Grundlage eines Werkvertrages vergeben. „Geltende ökonomische Richtlinien der Ausschreibungen wirken jedoch häufig behindernd", erläutert sie, „denn die Aufschlüsselung der Summen und Zeiten ergibt sich trotz der gesammelten Erfahrungen erst exakt aus der konkreten Arbeit." Zudem ist der preiswerteste Anbieter nicht der qualitätsvollste. In früheren Jahren kannte man seine Partner und verließ sich aufeinander. Ein Zeitenwandel.

Zeitintensiv gestalten sich auch die Vorgänge des Leihverkehrs: Die Restauratorin begleitet die gewünschten Ausstellungsstücke: beim Einpacken, auf dem Transport, beim Auspacken, Stellen und Sichern. Dies sind festgelegte Abläufe, in denen Uta Scholz im Vorfeld in enger Zusammenarbeit mit dem Schlösserdirektor, den jeweiligen Kustoden für Keramik, Glas oder Kronleuchter und dem Leihverkehr, kooperiert. Die Bewahrerin der Schätze wünscht sich sehr, eines Tages wieder deutlich mehr Zeit für ihre eigentliche Arbeit, die des Restaurierens, aufbringen zu können.

Manches Kunstwerk bedeutet Uta Scholz sehr viel, wie beispielsweise „Die vier Elemente": Das sind Allegorien von Feuer, Wasser, Luft und Erde aus Meißner Porzellan. Vier Plastiken, Tafelaufsätze, die seit zwei Jahren wieder im Elfenbeinzimmer in der Orangerie auf geschnitzten Konsolen stehen. Zahlreiche Teile und wichtige Elemente waren davon abgebrochen. Die Restauratorin bestellte Fehlendes in Meißen und restaurierte selbst. Es sind filigranste Zerbrechlichkeiten mit leuchtenden Farbaufträgen im Kontrast auf weißem Porzellan.

Und die freie Künstlerin? Als Objektkünstlerin sammelt Uta Scholz Scherben aus Müllverschüttungen, die sie wie eine Archäologin per Hand und Schaufel birgt. Ihre aufgefundenen Requisiten lagern in der Werkstatt ihres Hauses am Heiligen See und harren künftiger Objektinstallationen und darauf, ausgestellt zu werden. Hier schuf sie Raum und Resonanz für das ureigene Tun. Dennoch ähneln sich die Werkstätten. Tragen doch beide ihre persönliche Handschrift.

Das von Uta Scholz gemietete Haus trägt den Namen „Haus des königlichen Hofpoliers". Die innerstädtische Behlertstraße trifft an dieser Stelle auf den Neuen Garten und damit auf das Gebäude im holländischen Stil, welches 1901 erbaut wurde. Der Namensgeber, der königliche Hofpolier, stand damals hierarchisch auf der Stufe eines Bauleiters. Unter dem Hofmarschall mit seinem Apparat arbeiteten die Beamten und Architekten der Schlossbaukommission. Die Umsetzung von deren Plänen bewerkstelligte der königliche Hofpolier. Seit dem Jahr 2000 wohnt Uta Scholz mit ihrer Mutter, ihrem Lebensgefährten Stephan und ihrem Sohn Eric im roten Backstein.

Der sanfte Purpurschein des sinkenden Sonnengangs ist inzwischen einsetzender Dunkelheit gewichen. Beim Verlassen der „Werkstatt Porzellan, Keramik, Glas" über die Wendeltreppe und ihren Eingangsraum liegt der eigenwillige Porzellanteller im Schatten. Umso weißer leuchtet der Schnee.

Ein Familienbildnis im Garten des Hauses des königlichen Hofpoliers: Sohn Eric stützt sich auf die Schultern des Lebensgefährten Stephan Helfrich, Christa Scholz neben ihrer Tochter Uta.

Sigrid Gerlitz
Restauratorin im Fachbereich Textilien

„Damenhaus“

Damenhaus

Sigrid Gerlitz, die zierliche, ungefähr 1,60 m große Frau, blickt aus ihrem Küchenfenster hinüber zum Portikus der Orangerie im Neuen Garten und grüßt die darüber wachende Sphinx am Morgen und zur Nacht. Seit rund 27 Jahren ist sie mit dem Haus verbunden, welches sich Damenhaus nennt und in Nachbarschaft sowie in Zugehörigkeit zum Holländischen Etablissement seinen Platz gefunden hat. Den Haupteingang durch die Portiershäuschen durchschreitend, entziehen sich Spaziergänger der schmalen, sehr frequentierten Verkehrsader „Am Neuen Garten“ und genießen bald befreit die breite, luftige Allee mit ihren zu Pyramiden gestutzt-geformten Eichen. Auf der östlichen Seite der Allee erstreckt sich parallel das Holländische Etablissement mit seinen Kavalierhäusern, dem Pferdestall, der Remise und eben jenem Damenhaus. Südlich der Allee ruht der Heilige See am Fuße grüner Hügellandschaften.

Als Familie Gerlitz 1986 ihre Wohnung im Damenhaus bezog, erlebte sie noch abgetrennte Areale des Neuen Gartens: Zum einen die zu der Zeit errichteten Mauern rings um das ab 1945/46 angesiedelte, im Volksmund so genannte „KGB-Städtchen“, welches Villen für die sowjetische Administration, die Verwaltung und ein Gefängnis beinhaltete, sowie zum anderen den Grenzzaun mit seinem abgeriegelten Gelände im hinteren Parkteil. Simple Erklärungen gab es keine für ihre beiden fragenden Kinder Tilmann und Justus, wozu die Absperrungen dienten. Vor der zum Park gehörigen und gleichzeitig das „KGB-Städtchen“ abschottenden, heute noch existierende Mauer unterhielt die Familie bereits einen kleinen Garten und konnte beobachten, wie täglich um 18 Uhr Sowjetsoldaten anrückten, um ihre Posten zu beziehen. Auf der Mauer lag Stacheldraht. Eine natürliche Begrenzung des Neuen Gartens durch den See und die angelegten Sperrgebiete bewirkte, dass es sich wie auf einem riegelförmigen Eiland lebte. Die geschaffenen Barrieren verschwanden aufgrund des großen Mauerfalls per Rückbau, und die Häuser hinter dem Privatgarten von Familie Gerlitz wurden rückübereignet oder verkauft. Sobald als möglich verhandelten die Interessenten – per Zuruf – noch über die Mauer hinweg.

Das Ehepaar Gerlitz teilte seine innig empfundene Beziehung zu Gärten. In den 1980er-Jahren betreute Hans-Heinrich Gerlitz, Leiter des Parkreviers I, den Parkteil rings um das Schloss Charlottenhof in Sanssouci. 1997 wechselte er in das Revier des Neuen Gartens, dessen Gebiet vor der Kronprinzenzeit von Friedrich Wilhelm II. aus mehreren Weingütern bestand. Heute setzt sich Frau Gerlitz in der warmen Jahreszeit ohne ihren Mann vor das Haus und genießt die in das Abendlicht sinkende, allmählich stiller werdende Atmosphäre. Liebevoll bepflanzte Beete, im Arrangement mit Palmen, Oleander- und Hibiskussträuchern in traditionelle, lindgrüne Pflanzkübel gebettet, beleben und gestalten wirkungsvoll einen Gartenraum zwischen dem Orangerieportal und dem Eingang zum Damenhaus. Ursächlich ist es jedoch die gesamte Umgebung, mit ihrer Sphäre, welche verschiedene Düfte beherbergt, auch die des nahegelegenen Sees, welche innere Einkehr gewährt, in Dankbarkeit für das geschenkte Leben.

Es gibt keinen das Damenhaus umschließenden Zaun. In die Fenster des Parterres kann vom Wegesrand aus ungeschützt eingesehen werden. Wenn Neugierige in die privaten Räume blicken, dann ist dies unangenehm, aber dem Umstand geschuldet, in einem öffentlichen und kulturellen Bereich leben zu dürfen. Was Sigrid Gerlitz jedoch enttäuschend berührt, ist der Umstand, sogar mit Freunden und Bekannten über die sorgfältige und behutsame Nutzung des Parks diskutieren zu müssen, vor allem, wenn dies Menschen sind, welche ihre eigenen Gärten besonders intensiv pflegen und schützen. Nicht der Einzelne, der über den Rasen hüpft, und nicht der Einzelne, der vom Ufer aus in den See springt, ruft ihr Bekenntnis zur Einhaltung der bestehenden Reglements im Park hervor, sondern die Vielzahl von Leuten und deren forderndes Selbstverständnis – „Ich will hier alles nutzen!“ und „Ich bin hier der Wichtigste!“ – bedrängen die grazile Frau. Auch das Bewohnen des über 200 Jahre alten Gebäudes fordert Respekt und Anpassung. Längst nicht alles ist hier untersagt, aber vor jedem „Handanlegen“ sei Vorsicht geboten, selbst wenn es darum geht, einen Nagel in die Wand schlagen zu wollen.

Das Haus wurde 1797 errichtet. Die am Hof angestellten Hofdamen nutzten dessen Räume, um ganz in der Nähe des Marmorpalais untergebracht zu sein. Da sich die Damen nicht selbst versorgen mussten, benötigten sie auch keinen Hausgarten. Zu allen anderen Gebäuden im Park gehört ein solcher. Die Innenräume des Hauses waren zu Hofzeiten anders als heute aufgeteilt: Es gab in der Mitte ein Empfangszimmer, von welchem sich jeweils rechts und links Wohnräume eröffneten. Es war möglich, alle Räumlichkeiten rundherum zu begehen. Die obere Etage wurde auch bewohnt.

Sigrid Gerlitz recherchierte über ihre Vorgängerinnen im Damenhaus und entdeckte die Namen mehrerer Hofdamen. Zwei Bewohnerinnen sollen hier Erwähnung finden. Zum einen die Gräfin Lichtenau, die Geliebte von Friedrich Wilhelm II., dem Erbauer des Neuen Gartens. Sie soll kurzzeitig im Haus gelebt haben. Anders als Gräfin Keller. Ihre Erinnerungen sind durch die Publikation „Vierzig Jahre im Dienst der Kaiserin. Ein Kulturbild aus den Jahren 1881 – 1921“ (Leipzig, Hase & Koehler Verlag, 1935) bekannt geworden. Daraus geht hervor, dass Gräfin Keller von 1881 bis 1921 im Dienst der letzten Kronprinzessin und späteren Kaiserin Auguste Viktoria von Schleswig-Holstein-Sonderburg-Augustenburg stand. Sie fungierte zunächst als Hofdame, später als Palastdame mit dem Titel „Exelence“, in der Funktion einer ständigen Begleiterin. Seit 1881 nutzte das Herrschaftspaar das Marmorpalais als Sommerresidenz und zog sich über die Wintersaison in das Neue Palais oder in das Berliner Stadtschloss zurück. 1918 folgte Gräfin Keller ihrer Dienstherrin als einzige Hofdame in das niederländische Exil nach Doorn. Nach dem Tod der Kaiserin im Jahre 1921 kehrte sie in den Neuen Garten in das Damenhaus zurück. In dem Buch „Rote Fahnen über Potsdam 1933 – 1989“ von Roland Timm erfährt man, dass sie 93-jährig, aufgrund strikter Vorbereitungsmaßnahmen für die Potsdamer Konferenz, ihre Räumlichkeiten im Damenhaus verlassen musste, da der Park und die gesamte Umgebung durch die russische Armee gesperrt wurden. Sie starb noch im November 1945. Die in den Memoiren zum Ausdruck kommende Unterwürfigkeit der Gräfin Keller (Zitat: „Ich durfte die Hand des Kaisers küssen.“) empfindet Sigrid Gerlitz als befremdlich. Und zumindest als ambivalent, dass sich die Damen ihrer Stellung in der höfischen sowie gesellschaftlichen Hierarchie auf äußerst stolze Weise bewusst waren und dies auch zur Schau stellten.

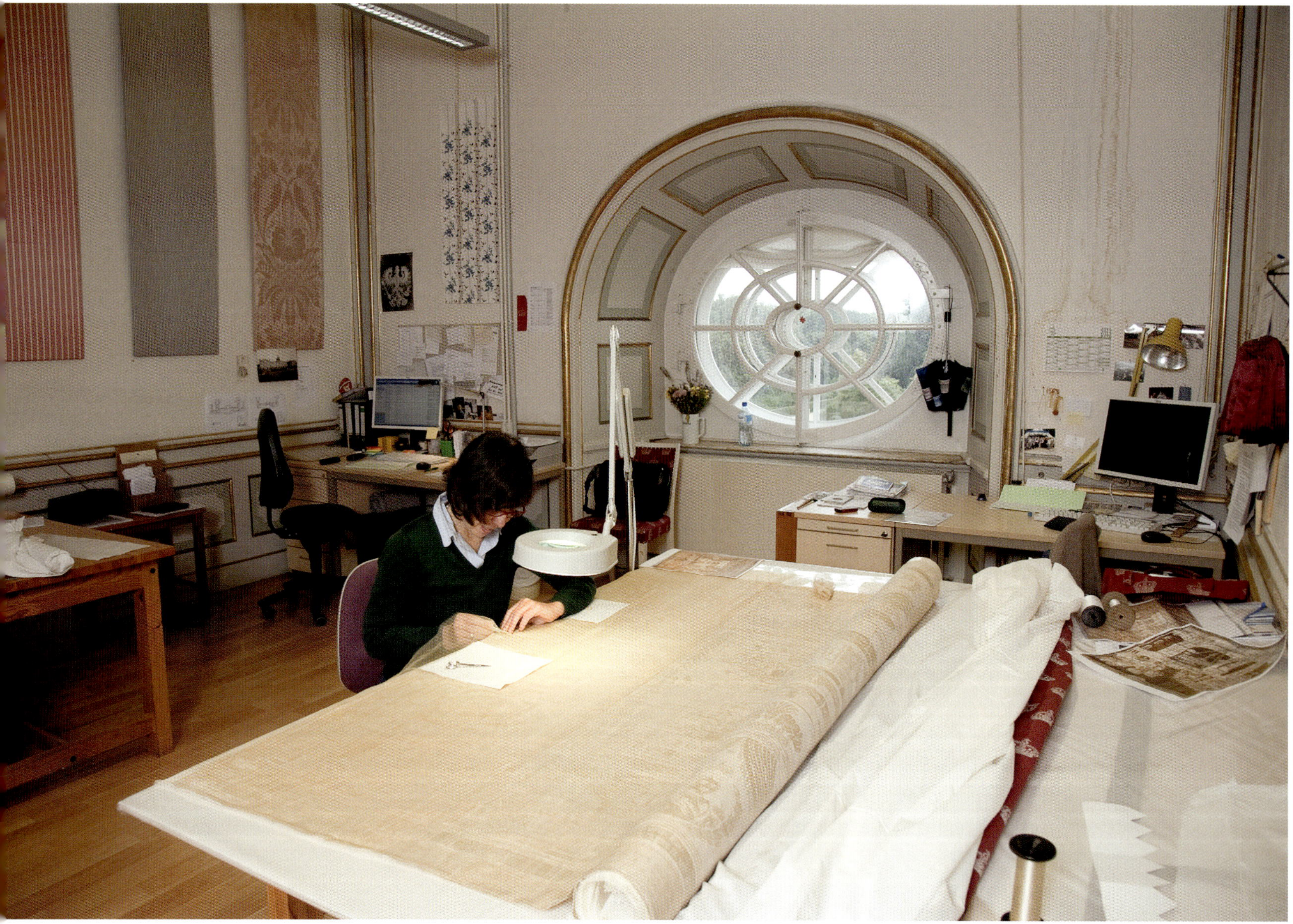

Vor der Textilrestauratorin liegt eine lichtgeschädigte Damastdecke: Sie ist eine Erinnerung an die Krönungszeremonie von 1826 und zeigt in der Mitte Zar Nikolaus I. Pawlowitsch mit seiner Ehefrau Alexandra Feodorowna, bis zu ihrer Heirat Charlotte von Preußen, eine Tochter Friedrich Wilhelms III. Diese Decke ist wohl als Geschenk hierher gekommen.

Sie selbst ist zurückhaltend. Ähnlichkeiten oder Parallelen zu den Hofdamen gibt es keine, auch wenn sich Frau Gerlitz in den Dienst der Bewahrung des künstlerischen Erbes des Herrschaftshauses stellt. Im Jahre 1977 begann die gelernte Damenmaßschneiderin, bei den Staatlichen Schlössern und Gärten Potsdam-Sanssouci zu arbeiten. Sie erinnert sich, dass ihre erste Aufgabe aus einer Recherche über Charles-Vignet-Teppiche bestand, die kopiert werden mussten, da deren Farben auf der rechten Schauseite durch Lichteinwirkungen verblichen waren und die Teppiche aus diesem Grund nicht mehr gezeigt werden konnten. Die geschützte Rückseite offerierte ihr die originale Farbgebung, nach der sich die Restaurierende bei ihrer Kopie richten konnte. Parallel dazu beschäftigte sie sich mit der Konservierung einer „wunderbaren" Seidenleinendecke und hält genau jene Decke nach so langer Zeit heute wieder restaurierend in den Händen.

Vor ihrem Einstieg in Sanssouci arbeitete Frau Gerlitz bereits ohne Studienabschluss als Textilrestauratorin im Museum für Deutsche Geschichte in Ostberlin. In diesen Jahren entstand auch der Wunsch, im Rahmen eines Fernstudiums spezialisierende Kenntnisse erwerben zu wollen. Aber erst 1978 erhielt sie die entsprechende Zulassung für die Fachrichtung Restaurierung mit der Spezialisierung „Kulturgut aus Textilien". Das nun folgende vierjährige Fernstudium erlebte sie als positiv vielseitig und anregend, da sie an mehreren Orten innerhalb der DDR in die Handwerksbetriebe fahren durfte, um fachspezifische Besichtigungen durchzuführen. Auf diesem Wege lernte Sigrid Gerlitz nicht nur Seiden- und Teppichwebereien sowie Textildruckereien kennen, sondern auch die Grundlagen textilen handwerklichen Schaffens. 1982 nahm sie ihre Urkunde nach erfolgreichem Studium entgegen. Seit nunmehr rund 36 Jahren für die preußischen Schlösser im Dienst, kennt sie alle vorhandenen textilen Werte im Depot genau. Auf diese Weise kristallisierte sich auch heraus, dass deren Lagerung und – bei eingehenden Anforderungen von der Abteilung „Leihverkehr" – deren Verpackung in ihre Verantwortung gehen. Ebenso, dass sie für kunsthandwerkliche Textilien, wie Bekleidung oder Stickereien, im kleinen Restauratorenteam die zuständige Fachfrau ist. Der anstehende und zu meisternde Depotumzug aus dem Neuen Palais in die neuen Lagerräume lässt Sigrid Gerlitz mit allen Schätzen wieder in Berührung kommen.

Sie entsinnt sich, dass sie sehr gern Gärtnerin geworden wäre. Wenn eine gute Bekannte, eine Restauratorin, damals nicht um sie geworben hätte – wer weiß? Wie wären dann die Linien des Lebens verlaufen? So blieb es ihrem Mann vorbehalten, ein passionierter und geschätzter Landschaftsgärtner zu sein. Noch heute nennt man im Kollegenkreis der Stiftung seinen Namen mit Ehrfurcht. Sigrid Gerlitz beerdigte ihren Mann 2002 auf dem Bornstedter Friedhof in der Tradition von Sanssoucis Hofgärtnern. „Was in Sanssouci stirbt, wird in Bornstedt begraben", wusste schon Theodor Fontane. Die tiefere Bedeutung der Worte ermessen allein die Hinterbliebenen in ihren Gedanken, ihren Erinnerungen. Ihre beiden Söhne sind erwachsen geworden und bereits aus dem Haus gegangen. Frau Gerlitz spürt, dass die Zeit reif ist, um Veränderungen anzunehmen, innere Veränderungen, denn die gesellschaftlichen sind längst vollzogen. Ihre Einkehr im Damenhaus wird die Konstante sein, auch der Garten an der Mauer.

Gartenmeisterin Siegel in der Parkgärtnerei am Kuhtor. Für jede Saison werden Hunderttausende Blumen „angezogen", welche dann ihren Platz in den Parkanlagen finden. Das sogenannte Mutterpflanzenquartier dient als „Reservepflanzenlager", falls Ergänzungen in den Beeten vorgenommen werden müssen, aber auch zur Gewinnung von Saatgut und Stecklingen.

Bärbel Siegel
Gartenmeisterin

„Die Gartenmeisterin aus dem Grünen Haus“

Grünes Haus

Götterdämmerung. Endlich will es in diesem Jahr ab Mitte April wärmer werden. Zart setzt sich ein früher Morgen mit sanfter Röte in Szene. Fröstelnd schließt der zivilisierte Mensch den Reißverschluss vom Winterstoff. In einen solchen Tagesanbruch gestellt, symbolisiert der Vorgang in allegorischer Betrachtung: am Anfang eines Tages, am Anfang eines Tuns, am Anfang des Lebens. Gärtner sind Frühaufsteher. Im Sommer zwischen vier und fünf. Sie erfahren die Natur und deren Erwachen auf direkte, ja ausgelieferte Weise. Sie empfangen. Mit ihrem Körper stets der Erde und dem Himmel nah. Des Wetters Herrschaftsanspruch unterliegend. Gärtner kultivieren und ernten auch. Von diesem Beruf geht Gutes aus. Berührt er doch den Ursprung sämtlichen Seins.

Potsdams Landschaftsgärten werden momentan durch 75 Gärtner/-innen saisongerecht bepflanzt und gepflegt. 45 Gärtner/-innen arbeiten für Sanssouci, jeweils 15 im Neuen Garten und in Babelsberg. Zwiebeln, die im nächsten Frühjahr blühen sollen, werden im Herbst gesteckt. Wenn es soweit ist, die gesteckten Muster komplettiert. Vor Jahren waren es vor allem Stiefmütterchen in verschiedenen Farben. Heute legt man viel Wert darauf, einen gefüllten Blütenkorb oder eine in sich komponierte Frühlingsrabatte zu gestalten. Neben nach historischen Vorbildern gestalteten Schmuckbeeten werden auch Bäume gestutzt, Hecken beschnitten, Laub aufgenommen, winterfeste Abdeckungen gelegt, Exoten in die und aus der Orangerie bewegt.

Bevor die in Kyritz an der Knatter geborene Bärbel Siegel in diesen Kosmos gelangte, ging sie in die Lehre und wurde „Gärtnerin Obstbau“ in der Landwirtschaftlichen Produktionsgenossenschaft (LPG) Obstbauproduktion Groß Kreutz in Brandenburg. Neben ihrer Arbeit erwarb sie sich nach zweijährigem Meisterlehrgang 1985 den Titel der „Gartenmeisterin Obst- und Gemüseproduktion“. Auch die 1999 ausgestellte Anerkennungsurkunde des Landes Brandenburg mit der „Bescheinigung über die Gleichstellung einer Prüfung“ aufgrund Artikel 37 des Einigungsvertrages vom 23.9.1990 als „Gartenmeisterin Obstbau“ liegt vor ihr. Ihr Betrieb, in dem sie zehn Jahre lang lernte und arbeitete, wurde im Zuge der gesellschaftlichen Umbrüche in der DDR umstandslos „abgewickelt“.

Das Entsetzen von Bärbel Siegel ist heute noch spürbar, wenn sie darüber berichtet, dass nicht einmal die Ernte abgenommen wurde. Alles blieb hängen, stehen und liegen. Kurzarbeit. Arbeitslosigkeit. Sie hörte sich um. Zu Hause abzuwarten, entsprach nicht ihrem Wesen. In einer eigens dafür gegründeten Arbeitsbeschaffungsmaßnahme stürzte sie sich 1990 in Arbeit, um vollkommen verwilderte Bereiche und Folgeschäden von Reitern im Park Babelsberg zu beseitigen. Bärbel Siegel motivierte auch einige ehemalige Kollegen aus dem Obstbau und wurde für die kleine Truppe eine Art Vorarbeiterin. Auf diese Weise fassten ein paar Leute Fuß, die bis heute noch für die Stiftung arbeiten.

Heute leitet sie als Gartenmeisterin unter dem Fachbereichsleiter Herrn Hannemann das Parkrevier III. Es umfasst zum einen den Sizilianischen Garten mit seinen drei zusammengehörigen, aber sich unterscheidenden Räumen. Exoten, wie Orangen- und Zitronenbäumchen, sowie Fächerpalmen in Kübeln integriert man hier in ornamentale Schmuckbeetverläufe, welche in den Nationalfarben Italiens (Grün, Weiß und Rot) leuchten. Die Schatten spendenden, dicht gewachsenen Hainbuchenlaubengänge bilden als geschlossene eigene Architektur das Zentrum. Zwei Sandsteinbrunnen beherbergen Seerosen. Hierfür realisieren die Gärtner/-innen unterschiedliche Pflegeleistungen: Vom Baum- und Heckenschnitt über die Wiesenmahd, Wegepflege, Schmuckbeetbepflanzung sowie die Kübelpflanzenbetreuung bis hin zur Schädlingsbekämpfung. Viele Hände werden gebraucht, um diese Ensembles am Leben und in seiner Wirkung zu erhalten. Zu ihrem Parkrevier III gehört zum anderen auch das Orangerieareal mit seinem Parterre, welches sich künftig stärker gärtnerisch entwickeln und entfalten soll. Der Krimlindenallee nach Westen folgend, weist die Gartenmeisterin auf das sogenannte „Potentestück". Vom Namensgeber Potente angelegt, bezeichnet es das landschaftsflutende Gelände zwischen Nord-Ost-Flügel der Orangerie und dem Belvedere auf dem Klausberg. Eine bewusste Gruppierung von Nadelbäumen beherrscht im Nordischen Garten die Szenerie. Tannen und Taxuskriechgewächse spenden Schatten und verbreiten ätherische schwere Düfte. Ein kühler, dämmriger Rückzugsort, nicht allein für „Armor und Psyche" in Sandstein und weißem Anstrich. Eine andere gärtnerische Herausforderung bieten die landschaftsgärtnerische Pflege der Umgebung des Ruinenbergs sowie die Weinberg- und die Winzerweinbergterrassen unterhalb des Schlosses Sanssouci und unterhalb des Belvederes auf dem Klausberg. Auch sie gehören zum Parkrevier III. Weinreben und Spalierobst fordern von den Gärtnern und ihren Kolleginnen aufwendiges, zeitintensives Arbeiten, vor allem, wenn die Pflanzen Krankheiten aufweisen.

In den Jahren zwischen 2003 und 2008 berief man Bärbel Siegel nach Rheinsberg. Es sollte ihr bislang bedeutendstes Amt werden: das der Fachbereichsleiterin. Sie koordinierte und verantwortete das Anlegen der Wege jenseits der Schlossinsel, rings um den chinesischen Pavillon, das Heckentheater und den Stern gelegen, und betreute den Garten mit den ihr unterstellten fünf Kollegen. In dieser Zeit wohnte sie im Hofgärtnerhaus des Parks, und am Wochenende fuhr sie heim nach Potsdam. Diese Jahre sollten zur Zerreißprobe ihres familiären Lebens werden.

Die Rheinsberger Chance erhielt sie aufgrund ihrer ehrgeizigen Einarbeitung im Parkrevier II. 1993 fing sie ebenda als einfache Gärtnerin an. Sie eignete sich bald den Umgang mit dem Sanssouci-Parterre, dem Marlygarten und der Teehausumgebung an. Strukturelle Umstellungen – wie die der neuen Schmuckbepflanzungen – fanden in diesen Jahren statt. „Bereichernd", wie sie im Nachhinein feststellt. 1997 erhielt sie die betriebsinterne Position einer Meisterin.

Prägende Erinnerungen jedoch bleiben Bärbel Siegel aus der Zeit ihrer ersten Monate in Babelsberg. Es waren die ersten Berührungen, ihr Einstieg in die Gartendenkmalpflege. „Nicht zu doll!", mahnte der damalige Fachbereichsleiter Garten, Karl Eisbein. „Wir nahmen das Pflaster ab, bevor er seine Recherchen dazu abgeschlossen hatte. Er sensibilisierte uns, immer erst zu sehen, um einzuschätzen, aus welcher Zeit etwas stammt. Er brachte uns bei, wie ein Weg unter dem gewachsenen Boden freizulegen ist. Wo eine neue Schicht beginnt und wie der erste Stich zu setzen ist. Es gab keine Spaten, sondern Handschippen zum Freilegen, damit wir die archäologischen Stücke nicht zerstörten." Karl Eisbeins achtsam gesammelten Funde der letzten 30 Jahrzehnte (gebogenes Gitterwerk, eine alte Laterne, diverse Muschelbecken, zerschlissene Eisenzäune, Gesteinsbrocken, Einzelteile, Skulpturenreste und vieles mehr) lagern inzwischen geordnet und beschriftet in beiden Lorbeerhäusern im Park Babelsberg. „Man baute sie zwischen 1879 und 1881 aufgrund einer Schenkung von 30 Lorbeerbäumen zwischen die Treibhäuser und Lepèreschen Mauern. Deren Name geht auf Alexis Lepère, den nach Potsdam gezogenen französischen Züchter von Tafelobst, zurück", erklärt Bärbel Siegel. Obsttreiberei war für den Hof eine kostspielige und aufwendige Sache, mit der sich die Hofgärtner auseinandergesetzt haben. Nicht nur einheimische, sondern auch exotische Sorten erfreuten sich als Tafelobst äußerster Beliebtheit und riefen ideenreiche Zuchtmöglichkeiten hervor. Selbst Erntezeiten wusste man erfolgreich zu verlängern. Vier Quartiere, von Ziegelmauerwerk geschützt, nach Süden ausgerichtet, beherbergen heute Spalierobst: Apfel, Birne und Pfirsich. Am Spalierholz rankt Wein. Die Stöcke sind sehr alt und sehr trocken geworden. Der letzte Winter setzte ihnen zu. Diese unglaublich alten Sorten will man neu ziehen. Die Quartiere bilden den höchsten Punkt der angelegten, terrassierten Hügel. Hinter den Lepèreschen Mauern ragt ein Wahrzeichen Babelsbergs, der Flatowturm, in den Himmel.

Inzwischen beginnt ein Nachmittag im April. Intensiv trifft Sonne auf Stauberde. Regen braucht das Land. Die Gärtner/-innen duschen zum Arbeitsschluss in den ehemaligen Stallungen und fahren gemeinsam vom Hof. Stimmen verhallen. Es wird still. Kein Motorengeräusch mehr. Auch das stattliche Hofgärtnerhaus, im Charisma eines versunkenen neogotischen Cottages, steht stumm. Seit einigen Jahren bleibt es unbewohnt und bewahrt sich selbst im Verfall ausgesprochene Schönheit. Gleich am Eingang zur Hofgärtnerei liegt der Maschinenpark mit einem Ahornbaum als umfahrbarer Mittel- und Wendepunkt. Linker Hand liegen die Stallungen im Karree. Das Gesindehaus befindet sich weiter hinten. Bärbel Siegel versetzt sich in ihre Zeit hierher zurück. Währenddessen liegt eine vollkommene, ländliche Friedfertigkeit auf dem Flecken Erde. Selbst die einfachen Wirtschaftsgebäude entsenden heimische Backsteinwärme und Formschönheit des sich neigenden 19. Jahrhunderts. Seit 1865 wurde dieses Areal erschlossen. Stück für Stück. Mauerschluss wird auf 1881 geschätzt. Zwischen den Gewächshäusern dieses Nutzgartens und botanischen Gartens schlugen Bomben des Zweiten Weltkrieges ihre Trichter. Zur Versorgung der Babelsberger wurde vorübergehend ein Gärtnereibetrieb aufgenommen. Danach entstand eine Handvoll separierter Privatgärten. Nicht alle Schäden der Verwüstung sind bislang behoben. Diese wirken auch dieser Tage noch stark im Übergang vom Winter zum Frühjahr und verursachen gleichzeitig diese gewisse Durchlässigkeit, in welcher sich historische Gegebenheiten lesen lassen.

Bärbel Siegel wird erwartet. Muss zu ihrer Wohnung in das Grüne Haus am Heiligen See im Neuen Garten. Die Sonne brennt. Beim Aufsetzen ihres Fahrradhelms erzählt sie von einer geplanten Reise nach Kirgistan. Mit Freunden zum Yssykköl. Diesen Sommer. „Tschingis Aitmatow integrierte den See in jeden seiner Romane", erwähnt Bärbel Siegel. Der Schriftsteller ist ihr bedeutsam. Nicht nur ihr. Hungrige Leser im geschlossenen Land verschlangen die leidenschaftlichen, sprachgewaltigen Reisen in endlose Weiten der Steppenlandschaften. Humanistische Philosophie, vielschichtige Gestalten einer lebendigen Kolchose, darin Hasardeure, die Ehrlichen, die Gebeugten, die Arbeitenden – all das hat getroffen: mitten ins Herz. Darin fehlte die übliche phrasierte Schönfärberei, das fühlte sich echt an und blieb.

Die Gartenmeisterin lebt seit Sommer 2000 einen Verbund mit der Erde und dem See vor ihren Fenstern des Grünen Hauses. Ihre Tochter wurde hier erwachsen. Bärbel Siegel liebt die Wandlungen von Jahres- und Tageszeiten und fürchtet sich nicht, wenn im Neuen Garten das Mondlicht hinter sperrige Baumriesen Schatten wirft. Es gibt keine einzige Laterne im Park. Nur zwei am Grünen Haus. Die Tore werden mit Einbruch der Dunkelheit geschlossen. So holt sie ihre Gäste von der Pforte ab und bringt sie auch wieder dorthin zurück. „Leute, die man sowieso ungern

Auch über die Wintersaison bleiben Sanssoucis Gärtner und Gärtnerinnen angestellt. Und dafür gibt es stichhaltige Gründe: umfangreiche Rodungs- und Freischneidungsarbeiten nebst Entsorgung, Schneeberäumung, Betreuung der Gewächshäuser und Pflanzenhallen. Sie fühlen sich ihren Anlagen in allen vier Jahreszeiten gleichermaßen verpflichtet und auf unmittelbare Weise verbunden.

Bärbel Siegel

sieht, dringen nie zu uns vor", meint sie schmunzelnd, „Versicherungsvertreter zum Beispiel." Im Grünen Haus sprechen sich die Bewohner ab, um immer einen Haushüter festzulegen. „Herr Roscher im ersten Eingang ist seit 30 Jahren Schlosser auf dem Schirrhof. Dann gibt es Frau Eiken, sie ist Schlossführerin auf der Pfaueninsel in Glienicke. Frau Friedrich wohnt nebenan. Sie arbeitet als Schlossassistentin in den Neuen Kammern." Alle sind Nachbarn und Kollegen in einem.

Über das Grüne Haus weiß Bärbel Siegel, dass es schon lange, bevor es Friedrich Wilhelm IV. als Kronprinz kaufte, existierte. Sie zweifelt, ob es tatsächlich ein Winzerhaus war. Es fehlen die typischen Weinkeller. Es gab aber Gärten und Weinberge. Friedrich Wilhelm II. ließ die verschiedenen Häuser im Neuen Garten unterschiedlich streichen und benannte sie auch nach ihrer Farbgebung: Weißes, Braunes, Rotes und Grünes Haus. Peter Joseph Lenné bezog 1816 als Geselle im Grünen Haus seine erste Dienstwohnung in Potsdam. Er gestaltete den nördlichen verwilderten Teil des Parks. Zwei Jahre später verließ er den Neuen Garten, um sich in Sanssouci niederzulassen, im Gartendirektionshaus. Letzteres blieb seit den 90er-Jahren des 17. Jahrhunderts sowohl für eine Dienstwohnung eines jeden Hofgartendirektors als auch für die Büroräume der königlichen Gartenintendantur vorbehalten.

Annähernd Dunkelheit über dem Heiligen See. Ein paar ferne Lichter der Stadt blinken. Zwei Angler als Schattengestalten in ihren Ruderkähnen schaukeln sanft. Der Tag geht unter. Bärbel Siegel blickt aus ihren Fenstern der ersten Etage über die Längsseite des Sees: ein Saum Wiese vom Schilfrand begrenzt, dahinter das treibende Wasser. Hier kommen Erinnerungen an Menschen, die heute nicht mehr für die Gärten wirken. Erinnerungen an das, wie sie es sahen und darüber sprachen. „Damals setzte sich ein richtiger Lernprozess bei mir in Gang. Herr Tölks und Herr Eisbein, beide konnten mir das Fach in Form von Geschichten erzählen, vermitteln und mich zum eigenen Forschen anregen. Seither begegnete mir das nie wieder."

Zwei Vertraute: Ricarda Zimmermann und Erika Naß im Garten des Havelhauses. Hier wird in der warmen Jahreszeit gemeinsam Kaffee getrunken, im abgeteilten Gärtlein gewerkelt und auf der Wiese gesessen.

Ricarda Zimmermann
Verkäuferin und
Erika Nass
Ingenieurin für technische Biologie

„Die Wohngemeinschaft vom Havelhaus"

Havelhaus

Ein ungleiches Paar wohnt da im Havelhaus. „Das ist meine Haus- und Hofmarschallin! Sie kümmert sich um alles! Jetzt müssen wir hier erst mal ein neues Straßenschild kriegen! Seit 20 Jahren warten wir auf ein Straßenschild! Taxen, Krankenwagenfahrer, Gäste finden uns nicht. Wir sind doch keine Unmenschen!", lacht Frau Zimmermann, die 88-jährige Dame aus dem Obergeschoss. Sie vermittelt Vitalität. Kräftig, trotz ihrer Gehbeschwerden. Bis vor Kurzem ist sie noch mit dem Fahrrad unterwegs gewesen. „Wir haben uns die Hausnummer 1 selber rangeklebt. Die Stiftung meint, sie müsse erst mal beraten, denn das Schild muss denkmalgerecht sein. So ein Quatsch!" Ihre stille, aufmerksame, liebevoll zugewandte Mitbewohnerin Frau Naß äußert am Rande: „Da hat sich bis jetzt noch nichts getan." Sie versorgt ihre Hausgefährtin, weil sie selbst noch rüstig ist und verblüffenderweise jünger wirkt.

Erika Naß tritt stets einen Schritt zurück, wenn ihre Mitbewohnerin wortgewaltig verkündet, sie habe sich niemals einsam gefühlt in diesem recht abgelegenen Haus im Tudorstil am Tiefen See, gegenüber des Theaterneubaus, am südlichen Parkeingang, wenige Meter vom Strandbad Babelsberg entfernt. Randalierte Zäune sind ärgerlich, aber Angst einjagen können sie ihr nicht. „Nein, überhaupt nicht. Wenn man mir 'ne Millionen bieten würde, für ein Schloss oder für Florida, jeden Tag 'ne Millionen, ich würde hier nicht ausziehen! 40 Jahre sind ja auch eine lange Zeit. Da gewöhnt man sich an alles. Früher wohnte ich in der großen Villa vom Busunternehmer Josef Schipka, Reisebüro Potsdam. Bei dem war ich beschäftigt. Der war ein Millionär. Ein reicher Mann. Dem hatte ich eine große Villa zu versorgen. Nun habe ich oben eine kleine Dachwohnung. Reicht auch." Ihre Ausstrahlung steckt an. Sie macht heiter. Lebendig. Beinahe schon draufgängerisch.

„Der Schipka ließ damals bis 1972 in eigener Unternehmung, danach als Direktor eines volkseigenen Busbetriebes, viel für die DEFA und das Hans Otto Theater fahren!" Erika Naß fügt hinzu: „Daher kennt sie auch viele Schauspieler. Und sie kennt auch Mückenberger!" „Kenn ich alle! Mit Dean Reed war ich Kaffee trinken. Ist nun auch schon 100 Jahre her."

Es ist einer dieser fesselnden Momente, die sich absolut überraschend einstellen. Man plaudert über dies und das, und dann kommt so eine Frau in die Runde, will eigentlich nicht verweilen, fühlt sich auch nicht 100%ig zurechtgemacht für diesen Termin (Ist es reine Rhetorik oder Kalkül?) und bringt alle in Fahrt: „Ja, ich traf auch Dean Reed, den Amerikaner in der DDR. Das war schon ein bisschen merkwürdig. Aber er war bekannt. Ein hübscher Mann! Hat sich das Leben genommen. Ist ins Wasser gegangen. Eine ganz undurchsichtige Geschichte. Ein bisschen Deutsch konnte er und wollte mal von mir wissen: ‚Which river is here in Potsdam?' ‚Havel', hab ich dann gesagt. Unsere Havel. Hat er erst nicht verstanden. Dann hat er's begriffen." Alle lachen. Geschichten aus dem alten Potsdam.

Wieso ist Ricarda Zimmermann in dieses Haus gezogen? „Gegen die Liebe ist man machtlos. Bin aus seiner Babelsberger Villa, vom Hohen Weg, hierher gezogen. Zu Erika. Im Oktober 1973." Es steckt eine Geschichte dahinter, die nicht hierher gehört. Sie ist nicht allein eine Liebesgeschichte, sondern auch eine tragische. Eine Lebensgeschichte. In der eine fleißige und attraktive Frau begreifen lernt, dass das Schicksal große Gefühle schenkt, um sie nachher wieder einzukassieren. Dass Fehler, die keine sind, trotzdem teuer bezahlt werden. Dass man Entscheidungen leben lernen muss. Ihre Schönheit ist eine andere als vor Jahren, sicherlich. „Also nee, ich bin nicht mehr fotogen. Ich war mal 'ne sehr schicke Frau. Ich war die viert-chicste und interessanteste Frau von Potsdam. Der Spiegel sagt mir jeden Tag was anderes. Der sagt: ‚Was guckt dich denn da für eine alte Frau an!' Ich kann's nicht ändern. Man wird weiser und klüger und erfahrener und toleranter. Aber eben nicht schöner." Es ist ein Statement. Unzureichend, es auf die gute alte Eitelkeit zu reduzieren.

Frau Naß hat hier oben im Babelsberger Schloss, im Museum für Ur- und Frühgeschichte, gearbeitet. Bis Dezember 2010. Ihr Mann und sie wohnten bereits in der Wohnung, in welcher sie bis heute Hand anlegt: Fenster streichen. „Damit hapert's." Die dafür engagierte Babelsberger Fremdfirma hat für zwei Jahre ihren Job gut gemacht, danach blätterte der farbliche Überzug wieder von den Rahmen. Die Farbe mit dem bestimmten historischen Farbton bekommt Frau Naß mittlerweile von der Stiftung, man kann ihn nicht so ohne Weiteres kaufen. Früher heizte sie auch unermüdlich ihre fünf großen Kachelöfen, Fenster undicht, ohne dämmende, eingelegte Sofakissen. 1987 Einbau – auf eigene Kosten – einer Schwerkraftheizung. Vom Keller zu beheizen – mit gusseisernen Heizkörpern. Frau Zimmermann hatte immer einen Dauerbrandofen. Existenziell bedeutsame Dinge nehmen sich Raum. Hier geht es nun um Fenster, Türen, Öfen, Wände, tiefergelegte Decken, damit so wenig Energie wie möglich sinnlos verfliegt. Viel, viel Arbeit.

Wieso war Ricarda Zimmermann „viertchicste Frau Potsdams"? Das hätten die Leute von ihr in den 50er-/60er-/70er-Jahren behauptet. Sehr chic und modern sei sie gewesen. Sie besaß Kölner Verwandte, reiche Leute. Ihre Tante, die Schwester ihres Vaters, leistete im Cecilienhof bei der Kronprinzessin Cecilie ihren Dienst und „hatte die Kleider der Prinzessin unter sich". Sie musste die Stücke in Ordnung halten und rauslegen. Interessant, was sie davon berichtete. Der Kronprinz soll ja auch fremde Wege gegangen sein. Durfte keiner wissen. Sie schickte ihr immer viele Sachen und Geld. Erika Naß ergänzt, dass außerdem ihr Onkel bei Adenauer die Inneneinrichtung gestaltet hat. „Ja, davon hab ich noch ein Kissen. Zu dem haben wir immer ‚Adenauer-Kissen' gesagt. Wegen des Stoffs."

Zuerst wohnte die Familie in der Sophienstraße. Das ist die jetzige Meistersingerstraße in Potsdam West. General Friedrichs, der ehemalige Oberbürgermeister, ließ eine Siedlung für Geschädigte errichten. Zwischen Bahnhof Rehbrücke und Drewitz baute man dafür Doppelhäuser. „Ich lebte dort, bis ich zu Schipka zog", erinnert sich Ricarda Zimmermann. „Mein Vater war Finanzinspektor, Hauptkassierer im Rathaus in Potsdam, ein Beamter. Nach 45 war die Pension natürlich weg. Er kriegte 'ne kleine Rente und arbeitete noch als Nachtwächter im Forsthaus. Intelligent war er und sehr tüchtig, hat mit 12 schon 'ne Gans gebraten, weil mein Großvater früh gestorben war."

Während der Bombardierung Potsdams lag Frau Zimmermann mit ihren Angehörigen im Erdbunker hinter dem Haus. Ihr Vater diente als Offizier im Ersten Weltkrieg und brachte lebensrettende Erfahrungen heim. Sie drückten sich unter den Geschwadern in die Erde und zehn Meter weiter schlugen Bomben ein, deren Druckwellen bedrohlich nahekamen. Das schöne Potsdam! Alles kaputt geschlagen vor Kriegsende am 14. April 1945. „Eigentlich war es ein Versehen, dass das Schloss kaputtging. Man wollte die Industrie treffen. Das spätere Karl-Marx-Werk. Vorher war es ja Orenstein und Koppel (Rüstungsindustrie). Abends im Dunkeln, mit ihren Landkarten, hat man das verfehlt. Ein Versehen, das Schloss zu bombardieren", fügt Erika Naß hinzu.

Die Kriegszeiten brachten Ricarda Zimmermann um eine höhere Laufbahn. Sie legte an der Charlottenschule die mittlere Reife ab und machte sich über ihren Beruf keine Gedanken, im Gegenteil: Im Vordergrund stand das überlebensnotwendige Essen. Es gab nichts. Hunger allgegenwärtig. Auch wenn ihr Vater behauptete: „Ach, mach dir keine Sorgen um Ricarda, die ist so hübsch, die wird vom Fleck weg geheiratet." Aber später kam keiner ihrer Schulkameraden zurück. Hier schließt sich der Kreis.

„1971 bin ich hier in das Havelhaus eingezogen", erinnert sich Erika Naß, nachdem sich Ricarda Zimmermann „nach oben" zu ihren Katzen verabschiedet hat. „Ich arbeitete erst für die Wasserversorgung und habe die mikrobiologischen Untersuchungen für den ganzen Bezirk Potsdam gemacht. 1976 wechselte ich in das Pflanzenschutzamt auf Hermannswerder. Dort war ich aber nicht lange. Es fielen immer die Busse aus. Ich lief eine Stunde zu Fuß hin und eine Stunde zu Fuß zurück. Ich dachte, ich müsse mir etwas suchen, wo ich näher dran bin. In meinem Urlaub inspizierte ich den Park Babelsberg. Und so ergab es sich, dass ich im März 1979 im Schloss, im Labor anfing. Pollenanalysen habe ich erstellt. Aus Erdschichten präparierte ich auf chemischem Wege Blütenstaub heraus, dass man ihn unterm Objektträger, unterm Mikroskop, dann auswerten konnte."

Eine professionelle Zusammenarbeit mit dem damaligen Fachbereichsleiter Garten, Karl Eisbein, ergab sich nicht, da bereits bekannt war, was hier wann angelegt worden war. Dies besagten alte Pläne. Ein Kollege von Frau Naß, ein Biologe, riet dennoch dem achten Hofgärtner in Folge, er solle Schafe auf die Wiesen schicken, damit die Artenvielfalt erhalten bliebe und die Gräser nicht überhandnähmen. So ergab sich ein Experiment mit Schafen. Schnell wurde es wieder beendet, weil die Schafe nachts am Grenzzaun eingepfercht werden mussten. Und wo der Schafpferch stand, wuchsen jahrelang nur noch Brennnesseln. Das war für den Park nicht so günstig.

„Eine Kollegin, die sehr lange im Schloss beschäftigt war, kannte das alles noch vor der Mauer. Vor der Schließung ist sie dort immer nach Wannsee rüber. Jedes Mal, wenn wir vom Essen gekommen sind, die Galerie vorm Speisesaal entlanglaufend, schauten wir in Richtung Grenze, und sie sagte zu mir: Das ist das Schloss Glienicke. Dort möchte ich noch mal hin." Den Personaleingang benutzte Erika Naß hinten über die Süd-Ost-Terrasse. Unterhalb des Denkmals zur Niederschlagung der Freiheitsbewegung 1848 in Rastatt. Auch hierfür gibt es Geschichten. Sie wären einer Sammlung wert.

Den Schlüssel zum Havelhaus erhielten damals die Großeltern des inzwischen verstorbenen Mannes von Frau Naß. Beide müssen „oben im Schloss" beschäftigt gewesen sein. Großvater Max Mertner war eine Art Hausmeister. Er heizte die Kachelöfen. Das Havelhaus hieß ursprünglich „Überfahrerhaus" und bildete den Wohnort für die Fährmänner, welche zwischen Nowawes und Potsdam fuhren. Sein wohl prominentester sommersaisonaler Bewohner war Ernst Gustav Benjamin von Bergmann (1836 – 1907), einer der größten Chirurgen seiner Zeit, nach dem das große Klinikum in Potsdam benannt wurde. Frau Naß schätzt seine Anwesenheit rund um das Jahr 1883. Auf jeden Fall brannte am 28. Januar 1883 das Havelhaus vollständig ab, um noch im selben Jahr durch Reinhold Persius wieder aufzuerstehen. In der Wetterfahne auf dem Turm dreht sich das Jahr 1883 als Zahl zur Erinnerung.

Karl Eisbein

Karl Eisbein
Gartenbauingenieur und ehemaliger Fachbereichsleiter Garten des Parks Babelsberg

„Das ist der Spielraum, den man hat."

Kleines Schloss Babelsberg

Sein Entschluss, hier arbeiten zu wollen, war die Entscheidung für einen über 200 Jahre alten Betrieb, mit all seinen Abläufen und Verantwortlichkeiten. So wirkte Karl Eisbein als achter Hofgärtner in einer langen Tradition. Er unterscheidet zwischen dem Gärtner, welcher die Anlagen vom Monarchen und dessen Familie pflegt, und der Funktion eines Gärtners, dessen Aufgaben im Sinne der Gartendenkmalpflege durch den Willen der Direktion bestimmt werden. „Als Diener, als Vertreter des Herren, besetzt man eine andere Position." Während eines Austausches mit dänischen Hofgärtnern wurde dies deutlich: „Die Familie hat das Sagen. Sie weiß, was sie will. Der Wille von der Direktion kommend", erklärt Karl Eisbein, „ist im Detail nicht so definiert. Und das ist der Spielraum, den man hat."

Dem jungen Gartenbauingenieur Karl Eisbein legte man den Babelsberger Park in seine Hände. Es war Anfang der 1970er-Jahre. Sein damaliger Gartendirektor Dr. Harri Günther erkannte die hohe Qualität dieses Landschaftsgartens. Er sei ein Wegbereiter in einer Zeit gewesen, als es Gartendenkmalpflege deutschland- und europaweit im heutigen Sinne noch nicht gab. Der Assistent Eisbein und sein Direktor standen in allen Jahreszeiten vor Ort im Kontext dieses von der letzten Eiszeit sowie von den Gartenkünstlern Peter Joseph Lenné und Hermann von Pückler-Muskau geprägten Reliefs – und vor einer progressiven Verwilderung. Den Zustand beschreibt Karl Eisbein folgendermaßen: „Seit 1939 bepflanzten hier auch ein paar Frauen den Hofgarten mit lebenswichtigem Obst und Gemüse für die Anrainer. Im Gelände nahm sich parallel Ahornwildwuchs Raum. Der Erste Weltkrieg brachte den Schub von Buchenverwilderung und der Zweite Weltkrieg den Schub mit Ahornen hervor. Der Mauerbau nahm im Jahr 1961 der Schlossumgebung weite Teile seiner Zugänglichkeit. Von insgesamt 145 Hektar Gesamtfläche fielen etwa 12,5 Hektar an das Grenzgebiet und ca. 12 Hektar an die „Walter-Ulbricht-Akademie". Es existierten zu der Zeit weder Fuß- noch Fahrwege zum Schloss. Lkws kurvten vom Marstall kommend durch den sogenannten Pleasureground, eine weite Rasenfläche mit eingebrachtem Blumengarten, um die Kohlen abzuwerfen." So verhielt sich die Ausgangssituation für eine 36 Jahre währende Berufung.

In schwerster körperlicher Handarbeit kämpfte sich eine kleine Truppe von Mitarbeitern durch den Wildwuchs. Abtragungen und Aufschüttungen bargen Berge von Überraschungen. Pferdewagen waren im Einsatz. Nach und nach arbeitete sich Karl Eisbein zu einer Substanz vor, deren Stellen mit ihrer „Künstlichkeit" die Handschrift ihrer Gestalter Lenné und Pückler offenbarten. Er lernte es, sich „einzusehen". Er forschte empirisch und bediente sich archäologischer Hilfsmittel, welche er bereits beim früheren Dokumentieren der Umgebung des Teehauses in Sanssouci anwendete: das Sondieren mit dem Spaten. „Ein fester Weg unter Gras wird auffindbar, indem man mit dem Spaten sticht und sucht." Insofern zählte Karl Eisbein zu den Ersten, die auf diese Weise mit der Suche nach Wegen begannen. Danach fertigte er Skizzen an.

Jegliches Archivmaterial zum Park, bis auf die Inventare vom Schloss Babelsberg, waren verbrannt. Es gäbe nicht einmal Pläne, wenn seine Vorgänger selbige nicht im Hofgärtnerhaus aufbewahrt hätten. Man fand sie auf dem Dachboden. Das ist der Fundus. Jedoch etwas zu lesen, sei die eine Seite, aber etwas in natura zu erkennen, die andere. Er stellt Fragen: Wie sieht es aus, wenn es überwachsen ist? Wo findet man es? Karl Eisbein erläutert, dass er nicht allein mit seinen Augen sieht, sondern auch akustisch wahrnimmt. Er ergründet und führt den Dialog. Einen beständigen Dialog mit dem Objekt, wie er sich ausdrückt. Das Objekt ist mehr, es ist sein Arbeits- und Lebensraum. Seine Nachbarin Bärbel Jackisch im Pförtnerhaus I drückt es folgendermaßen aus: „Meines Erachtens ist Karl Eisbein für den Babelsberger Park ein Glücksumstand gewesen. Allein ein Handwerker zu sein, reicht nicht aus. Man muss die Gabe besitzen, die Philosophie eines Gartens erspüren zu können – er besitzt diese Gabe."

Wer um die Sichtbeziehungen eines herausragenden Landschaftsgartens ringt, weiß von der einmaligen Chance, sich dieses Gebiets in seiner Gesamtheit, mit all seinen facettenreichen Details annehmen zu dürfen. Karl Eisbein bettet sich nicht in Zufriedenheit. Er räumt ein, vieles erreicht zu haben, bedauert aber gleichzeitig, dass die Stadt Potsdam bislang noch keinen Vertrag mit der Schlösser- und Gärtenstiftung über den Umgang mit dem Weltkulturerbe geschlossen hat. „Es gibt keinen Vertrag über einen Umgebungsschutz und darüber, inwieweit die Stadt im Baugeschehen unsere Sichtbeziehungen akzeptieren muss. Wenn man aber den Wert des Gesamten erhalten will, dann muss man sich nach den wertvollsten Überlieferungen richten. Man kann sich kein kostbares Diadem wünschen, in dessen Schmuckensemble man lediglich ein paar Glassteine einsetzt oder ein paar zusätzliche dranhängt."

Wenn man aber den Wert des Gesamten erhalten will, dann muss man sich nach den wertvollsten Überlieferungen richten.

Bereits vor der Wiedervereinigung der beiden deutschen Staaten befanden sich die Gartenanlagen auf der Zentralen Denkmalliste Kategorie I. Eine geplante Bebauung des Potsdamer Zentrums Ost trieb den Fachbereichsleiter Garten zur Beschwerde an den Ministerrat und an die SED-Bezirksleitung. Das ursprünglich geplante und äußerst kompakte Hochhausvolumen des Zentrums Ost wurde daraufhin in mehrere kleinere Gebäudevolumen unterverteilt und die bestehende Blickachse, die „Lange Sicht", blieb vorerst frei. Auch bei der Bebauung der Landzunge Glienicker Horn und des Potsdamer Hauptbahnhofs Anfang der 1990er-Jahre setzte Karl Eisbein sich mit dem ihm eigenen Wissen und Gewissen für Denkmalgerechtigkeit ein. Ein Mann der Auseinandersetzung, der auch öffentlich Rede und Antwort steht. Ihn ärgern hierbei törichte, demagogische Argumentationen.

Karl Eisbein ist über seine Fachkompetenz hinaus ein lebensfroher Erzähler. Mit pädagogischem Geschick sät er während seiner Gartenführungen in Studenten-, Kollegen-, Freundes- und Interessiertenherzen feine Samenkörner der Erkenntnis. „Wie arbeitet man mit vorgefundenem biologischem Material im Pückler'schen Sinne Baum- und Gehölzgrup-

In steter Aneignung des Raumgefüges, der Dynamik und der Zeitalter seines ihm anvertrauten Gartens schätzt er ein: „Ich bin kein visueller Typ, ich muss es anders wahrnehmen." So umarmte er jeden „seiner Bäume", um ihn zu messen und auch körperlich zu begreifen.

pierungen sowie Solitäre in das Landschaftsbild? Wie war es gemeint? Wann ergibt es ein Ideal, und welcher Weg führt dahin?" Es ist eine Arbeit mit der Zeit. Mit den richtigen Zeitpunkten. Es bedarf der Fähigkeit, aufmerksam und umsichtig zu bleiben.

Seiner Aufmerksamkeit verdankt Karl Eisbein es auf jeden Fall, im Kleinen Schloss leben zu dürfen. 1955 richtete man im Kleinen Schloss eine Gaststätte mit einer riesigen Terrassenanlage ein. „Strandterrassen" – die alten Babelsberger wissen das noch. 1970 wurden diese jedoch aus hygienischen Gründen wieder geschlossen. Danach stand das Haus mindestens zwei Jahre leer. „Böse Buben montierten alle Wasserhähne ab", berichtet er. „Und da die Klempner der Verwaltung vergaßen, die Haupthähne abzudrehen, lief das Wasser ununterbrochen weiter." Als Karl Eisbein die Havarie schließlich wahrnahm, alarmierte er umgehend seine Kollegen. Nach diesem Vorfall entschied sich die Staatliche Verwaltung Schlösser und Gärten Potsdam-Sanssouci, zumindest eine der oberen Wohnungen zum Schutz des Gebäudes wieder bewohnen zu lassen. So kam es, dass man ihm zwei Zimmer im Kleinen Schloss anbot, in die er im Frühjahr 1973 einzog. „Zwei Zimmer! Das war für damalige Verhältnisse eigentlich ein Ding der Unmöglichkeit", erinnert sich Karl Eisbein.

Das östliche Erkerfenster des Wohn- und Arbeitszimmers im Turmanbau gibt einen fabelhaften Blick auf den Tiefen See frei. Ein eher schlichter Raum. Der Erker mit den Fenstern im Stile der Tudorgotik besitzt eine magische Anziehung. Momentan werden sie restauriert. „Das Haus ist hierarchisch geordnet", erklärt sein Bewohner. „Im Untergeschoss gibt es zwei Ebenen, im Obergeschoss drei. Der Mittelbau befindet sich drei Stufen tiefer. Das Kleine Schloss war 1833 im Kernstück wie ein eingeschossiges Babelsberger Weberhaus: in der Mitte die Tür, zwei Fenster rechts und links."

Seine Erzählungen werden wohl kaum versiegen. In ihnen dürfen wir einen Menschen erleben, welcher vielschichtig angelegt ist. So ist der achte Hofgärtner in Folge wohl ein „richtiger" Hofgärtner: universal interessiert, gebildet und hoch angesehen. Wie die meisten der Gärtnerkollegen seiner Zeit war er Sänger im Oratorienchor unter Herrn Jacobs Leitung. Und dem passionierten Wassersportler ufert sein Element wenige Meter vor der Haustür. Welch reichhaltig genutzte Lebenszeit an einer solchen außerordentlichen Stelle. Dabei wohnt er nur vier Tage und drei Nächte pro Woche im Kleinen Schloss. Für die „restliche Zeit" entschwindet Karl Eisbein in seine sachsen-anhaltinische Heimat, nach Jerichow, in sein Haus.

In schwindelerregenden Höhen des westlichen Saales der Bildergalerie in Sanssouci. Bärbel Jackisch bezeichnet es als etwas Einmaliges, in Festanstellung arbeiten und dennoch wie eine Selbstständige handeln zu dürfen. Seit 1984 – seit rund 30 Jahren – hat sie sich mit dem vorhandenen Sammlungsbestand als Restauratorin vertraut machen dürfen.

Bärbel Jackisch
Restauratorin und Leiterin der Gemälderestaurierungswerkstatt

„Schwarz auf Karminrot“

Pförtnerhaus I

Ihre Eignungsprüfung an der Hochschule für Bildende Künste in Dresden bestand die couragierte Frau auf Anhieb erfolgreich. Zwei Jahre Fachpraktikum in der Gemäldewerkstatt von Sanssouci zahlten sich aus. In Dresden – als auch anderswo – sei ihr nach Abschluss des Studiums zur Restauratorin eine Arbeitsstelle sicher gewesen. Sich erneut für Sanssouci zu entscheiden, lag am Stab wesentlich älterer und sehr erfahrener Kollegen. Diese prägten ein spezifisches Klima empirischen Wissens inmitten einer großen Sammlung. All dies mochte die Absolventin in sich aufsaugen. Stehenzubleiben kam nicht infrage. Weder damals noch heute. Der karminrote Pullover lässt ihre schwarzen langen Locken noch kräftiger in Kontrast gehen. Sie erzählt schnell und gestikulierend in der gemütlich gestalteten Diele zwischen Teeküche und Werkstattbibliothek. An einer langen Holztafel beißen ihre Mitarbeiter in Butterbrote, kochen sich Kaffee. Kehren auch von der autonom geregelten Pause wieder zu ihrer Arbeit zurück. Das fühlt sich gut an. Es wirkt auf Außenstehende so, als versammelten sich hier Individualisten, welche es schätzen, nicht nur allein zu werkeln, sondern im sachkundigen und persönlichen Austausch zu sein. In den Räumen, ähnlich einer Bienenwabe, entsteht eine eigenständige ungleichmäßige Bewegung.

Das Neue Palais wurde nach dem Siebenjährigen Krieg (1756 – 1763) zwischen 1763 und 1769 von Friedrich dem Großen zu repräsentativen Zwecken errichtet. Es tritt aufgrund seiner Größe und mit all seinen exotischen, antikisierenden Stilen, vor allem denen der Innenausstattung, in kühler Pracht in Erscheinung. Sanssoucis Gemäldewerkstätten befinden sich seit 1978 im Erdgeschoss des nordöstlichen Hofdamenflügels. Die genutzten Säle entfalten eine einmalige Atmosphäre. Parkettböden knacksen unter den Schritten, und pastellene Wandfarben leuchten matt. Es gibt hier Wandfassungen und Stuck. Ein 3 m hoher Spiegel in barocker goldener Fassung als Kaminaufsatz wirft Bilder des Raumes in eigenwilligen Verzerrungen zurück. Das Gesicht im Spiegel verrutscht zweigeteilt. Ein Geruchsgemisch von Farbe und Firnis, Textilien, Pinseln, Werkzeugen und Holzrahmen liegt in der Luft. An den Wänden und auf Staffeleien warten die bedürftigen Werke. Der durch die Kriegskatastro-

phe übrig gebliebene, zum Teil rücküberlieferte, wertvolle Bilderfundus innerhalb und außerhalb des Depots wird hier erforscht, dokumentiert und restauriert. Diese Arbeitsräume verleihen den einstigen Gästesälen im Neuen Palais einen ganz anderen Charakter: atelierartig, zeitlos, lebendig versus museal-barockes Flair. Trotz dieser – auch im eigenen Kreise polarisierend diskutierten – Fremdnutzung wirken die Räumlichkeiten dergestalt äußerst anziehend.

Bärbel Jackisch gewährt bereits heute in den für 2016 anstehenden Werkstatt- und Depotumzug vom Neuen Palais in das geplante Zentrum der Zimmerstraße in Potsdam West Einblicke. „Im Depot lagern Bilder, die hängen oder liegen da schon seit 100 Jahren. Die sind einfach nie ausgestellt worden oder kamen aus irgendwelchen Schlossbergungen aus dem 19. Jahrhundert. Sie liegen stapelweise, zum Teil unaufgespannt, auf dem Fußboden. Das sind Vor- bzw. Nachkriegsgemäldezustände, an die wir uns erst einmal vorsichtig herantasten müssen." Als Leiterin der Werkstatt bringt sie sich aktiv in das geplante Jahrhundertprojekt ein. Die künftigen Hängewände brauchen Platz und perfekte Lagerbedingungen. Bewegungsfreiheit für die Mitarbeiter ist eine wesentliche Voraussetzung. Je mehr sie diesbezüglich zu einer exakten und stichhaltigen Planung herausgefordert wird, umso inniger liebt sie ihre Werkstatt im Neuen Palais. Hier bieten sich kurze Wege und schnelle Zugriffsmöglichkeiten auf das Depot. Außerdem sind die Räume von sich aus nahezu optimal klimatisiert. Es gibt elegante, bis zum Fußboden reichende Entreefenster. Durch sie flutet im Gleichmaß das Tageslicht – genauso wie es ein jedes Malatelier benötigt.

„In diesen stimmungsreichen Hallen muss man nicht unbedingt nach technischen Lösungen suchen, hier kommen einem andere Ideen", meint Bärbel Jackisch. Oder wenn ein Gemälde sehr großformatig ist, wie das von „Zephyr und Flora", siedelt sie damit im Sommer in den Spiegelsaal um. Sie entzieht sich dadurch auch ganz bewusst dem alltäglichen Betrieb, um mit dem Werk und ihrer Aufgabe allein zu bleiben. Es gibt im Festsaal kein Telefon. Das Handy meldet nur „einen Notfall" an. Die Restauratorin weiß um ihr Privileg und charakterisiert es als eine intensiv empfundene Gnade. Zur Friedrich-Ausstellung im Jahr 2012 wurde dieses Gemälde, welches ihr zufälligerweise seit ihrer Anfangszeit immer wieder mal „unter die Hände kam", in das Fürstenquartier rückgebaut. Es war das Geschenk ihrer Abteilung an Friedrich den Großen.

Bärbel Jackisch entschied sich im September 1984 für ihr berufliches Leben in Potsdam. Handwerk, Kunst und Forschung in einer Tätigkeit faszinierten sie und treiben sie nach wie vor an. Bei Leihgabenbegleitungen lernt sie zudem neue Menschen, neue Museen mit deren Ausstellungen und Sammlungen kennen. Reisekader vor dem Mauerfall war sie nicht. 1989 kam die Berufung zur kommissarischen, ab 1991 zur regelrechten Werkstattleiterin. Die zierliche Frau arbeitet verbindlich unter latentem Termindruck. „Wenn du viel machen willst, darfst du viel machen. Und wir wollen viel." Für die anfallenden Arbeiten stehen seit jeher fünf feste Stellen zur Verfügung. Zusätzlich vergibt sie Aufträge an freie Restauratoren. Praktikanten und Freiwillige sind auch immer wieder temporär vor Ort. „In die Schlösser gehören ungefähr 3.500 Gemälde als Ausstattung. In den Depots befinden sich ca. 1.700 Bilder und 800 freie Rahmen." Sie verantwortet mit ihrem Team die gesamte Sammlung der Potsdamer und Brandenburger Schlösser. Das sind museal definiert Bilder von insgesamt 25 Schlössern. Alle Kollegen restaurieren, jeder Kollege hat im Einzelnen noch eine Spezialaufgabe. „Das Administrative nimmt überhand", umreißt Bärbel Jackisch ihren Werkstattalltag, „dadurch schrumpft die Zeit für restauratorische Arbeiten am Objekt." Sie stellt es fest, wertungsfrei.

Bärbel Jackisch berät sich mit ihren Kollegen und mit den Kustoden – den Kunsthistorikern. Sie selbst ringt stets um das Mehr im Handwerk, um das Übergeordnete. Sie erläutert, dass das Restaurierungshandwerk Definitionen braucht, um sich in die Materie hineinversetzen und methodisch fragen, vergleichen und interpretieren zu können. So sind Fragen zu stellen wie beispielsweise: Wie könnte es damals gewesen sein? Ist an dieser Stelle eine Hand neu zu malen, eine Kopie herzustellen oder eine Rekonstruktion anzufertigen?

Aufgrund einer konzeptionellen Änderung der Möbelausstattung müssen auch die Gemälde eines Raumes umgehängt werden. Das Bildnis an der Wand ist von Anton Graff und stellt Amalie von Foss, Gräfin von Ingenheim, dar.

Bärbel Jackisch und Katharina Kardorf begutachten eine Peter-Paul-Rubens-Kopie, Ölfarbe auf Eichenholz, Himmelfahrt Mariä. Für die Neuausstattung des Kleinen Kabinetts der Bildergalerie wird es von der Freiberuflerin restauriert. Dabei begleitet sie die Leiterin der Restaurierungswerkstatt als ihre Auftraggeberin.

Als Beispiel einer versuchten Rekonstruktion erzählt sie von den Gemälden des Klöbersaals, welcher sich im Südflügel des Marmorpalais befindet. Bei einem Fliegerangriff im Zweiten Weltkrieg zerstörte eine Brandbombe ihn und auch eines seiner Gemälde. „Beherzte, umsichtige Leute" schnitten die Leinwände von drei großen und von einem kleinen Wandgemälde aus den Rahmenfassungen. Im Depot lagen sie dann gerettet auf dem Fußboden, jedoch mit Brandschäden: Knickungen, Knautschungen und Brandblasen. Ein kleines, schmales Bild, „Der Schlaf", rechts neben dem Alkoven im Saal, fehlte komplett. Für eine Rekonstruktion dieses Bildes machte sie sich, da der Saal im Jahr 2006 restauriert wiedereröffnet werden sollte und schließlich auch wurde, mit ihrem Team Gedanken. Es existierte zum Werk „Der Schlaf" eine Skizze des Malers August von Klöber, welche die Farbigkeit des Bildes offenbart. Alte Schwarz-Weiß-Fotos sowie vorhandene sogenannte Messbilder gaben über den Inhalt und über die Größenverhältnisse des Gemäldes Auskunft. Auch das kleine Wandgemälde, das Pendant des fehlenden, in Klöbers Maltechnik war vorhanden. Das rechte Bild stand zur Verfügung, das linke fehlte. Nach entsprechender Vorbereitung wurden im Jahre 2003 vier Leute, drei Restauratoren und ein Bildender Künstler, beauftragt, einen Ausschnitt dieses Gemäldes zur Probe zu malen. Alle nutzten die gleichen Grundlagen. Aber was entstanden da für unterschiedliche Ergebnisse! Geschmäcklerisch sei schon einschätzbar gewesen, ob man das eine oder das andere besser findet. Dennoch fiel vorerst die Entscheidung: „Das wird jetzt nicht gemacht! Vielleicht später einmal." An diesem Beispiel wird deutlich, wie individuell ein jeder sieht und interpretiert. Wie viel an Philosophie, Haltung und Tendenz sich im Hintergrund abspielt, und zwar nicht nur im Handwerklichen. Anstelle des Bildnisses „Der Schlaf" sieht der Besucher bis heute eine gerahmte leere Leinwand.

„In diesen stimmungsreichen Hallen muss man nicht unbedingt nach technischen Lösungen suchen, hier kommen einem andere Ideen."

Im Umbruchjahr 1989 zog Bärbel Jackisch mit ihren zwei Kindern aus ihrer bisherigen Wohnung im Park Sanssouci in das Pförtnerhaus I in den Babelsberger Park. Zu Zeiten der zwei deutschen Staaten war der Standort eine Schnittstelle im Niemandsland. Grenzgebiet. In den letzten Jahren vor dem Mauerfall blieb das Haus unbewohnt. Man benötigte eine Sondergenehmigung, um nach Klein-Glienicke, dem kleinen, zu Babelsberg geschlagenen Teil in unmittelbarer Nähe zur Glienicker Brücke, zu gelangen. Einige „wilde Spekulationen" um die Nutzung des Pförtnerhauses sind bislang unerforscht.

Die Abendsonne legt sich sanft mit ihrem typisch tiefen Stand an den Horizont und mit dem westlichen Sunsetschimmer auf den Wiesengarten hinter dem Haus, romantisch, einnehmend. Baumwipfel fächeln Abendkühle. Amseln suchen im Gras. Schatten wachsen. Nichts mehr ist vom Niemandsland zu spüren, aber unter dem gepflegten, leicht hügeligen Rasen verbergen sich dennoch große Überreste vom Schutt vergangener Jahre. „Sobald man hier die Schaufel ansetzt, ist Gerümpel drunter. Bauschutt von der Entkernung: Glas, Dosen, Müll", weiß die Restauratorin aus eigener Erfahrung. Die Information kann der momentanen abendlichen Gartenidylle nichts anhaben. Zeiten ändern sich.

Im Pförtnerhaus fehlten die Holzbalkendecken, vermutlich Schwamm. Die wenigen 63 qm sieht man ihm nicht an, von außen wirkt es größer. Den Turm baute man außen an, damit das Treppenhaus nicht auch noch innen untergebracht werden musste. So verbindet er extern die Etagen vom Keller bis zum Dachboden und lässt das Haus im romantischen Stil einer Burg erscheinen. Nicht geklärt ist, ob es von Persius erbaut wurde. Aber es sei die Zeit, wie es ziegelsichtiges Mauerwerk des Schuppens verrät. Es trägt den sogenannten Persiusstrich, einen schwarzen Strich, damit es „fein ordentlich" aussah, in der Fugung. In der Plankammer fand Bärbel Jackisch Grundrisse und Ansichten. Sie beugte sich staunend über einen kaiserzeitlichen Entwurf: Als Haupteingang zum Schloss plante man eine riesige Eingangspforte im neogotisch-romantischen Stil. Darunter schmolz das Häuschen auf ein Beiwerk zum Portal. Dazu ist es nie gekommen, und der Eingangsbereich zum Park blieb schlicht. Verputzt, sandgelb gestrichen wirkt es sogar ein wenig verloren. Wie ein Ansatzpunkt, der nicht weiter verfolgt wurde.

Eines Tages klopfte ein alter Herr, Herr Lehmann, an die Tür. Leider war die Vielbeschäftigte unterwegs und erfuhr erst später, dass der Sohn des letzten Pförtners sie besuchen wollte, der einst seine Kindheit im Hause verbrachte. Später übersandte er ihr Fotos. Eins davon zeigt Herrn Lehmann mit seiner Familie am Kaffeetisch vor dem Haus. So hält sich das ungeschriebene Gesetz, dass in den Immobilien der ehemaligen Staatlichen Schlösser und Gärten Potsdam-Sanssouci und der jetzigen Stiftung ihre Mitarbeiterschaft wohnt, wie auch schon zu Königszeiten deren Personal darin wohnte – und eine Tradition, die sich bis in heutige Tage fortsetzt.

Bärbel Jackisch war bei ihrem Einzug bewusst, dass sie sich engagieren muss. Im maroden Haus mochte sie doch eine gewisse Wohnqualität erreichen. Die grundlegende Sanierung des Erkerzimmers soll hier lediglich erwähnt werden. Viele restauratorische Details ihrer Heimstatt erfuhren liebevolle Zuwendung. Die „über eine normale Mietermentalität hinausgehende Verbundenheit" mit ihrem Lebensort sieht sie zwiespältig. Manches Mal muss sie innerlich „zurückrudern" und sich bewusst machen, dass hier allein ein ganz normales Mietverhältnis besteht. Dennoch passt sie sich auf ihre sehr persönliche Weise diesem Haus an, um es zu seinen Gunsten zu erhalten.

Ein rascher Blick auf die Uhr. Sie muss los.

In diese Ruine einer Sommerlinde hat Kâni Cetinsoy bereits einen neuen Baum gepflanzt, der im Laufe der Zeit den alten vertreten soll. „Vertreten" bedeutet in diesem Zusammenhang insbesondere, dass man einen Baum niemals ersetzen kann.

Kâni Cetinsoy
Landschaftsgärtner auf der Pfaueninsel

„Man sollte seine guten Erfahrungen schätzen und genießen lernen."

Kavalierhaus, Danziger Haus

Aufgewachsen ist er in Çiçektepe, einem kleinen ostanatolischen Dorf, am Fuße eines Berghangs gelegen. Dessen Name bedeutet übersetzt „Blumengipfel". Wildblumen gab es dort, wilde Pfingst- und Strauchrosen und vieles mehr. An den Feldrändern wuchsen Obstbäume, und die kleinen Gemüsegärten sorgten für Nahrung. Kâni hütete mit anderen Kindern im Dorf Zicklein, Schafe und Kälber. Wenn die Tiere am Berghang weideten, konnten sich die Kinder amüsieren. Doch wenn es an das Ausmisten der Ställe ging, verwandelte sich ihre Aufgabe in harte Arbeit. Es gab keine Schubkarre für den anfallenden Mist, vielmehr musste dieser mit Körben herausgetragen werden. Vielleicht wurde damals schon der Grundstein für Kânis Rückenprobleme gelegt. An dörflichen Festtagen verdingte er sich gern als Schuhputzer, um sein geringes Taschengeld aufzubessern.

Kâni Cetinsoy ist der Zweitgeborene von insgesamt sechs Geschwistern. Die Frage nach seinem Geburtsdatum kann er nicht konkret beantworten. Man erzählte ihm, er sei wahrscheinlich schon im Oktober 1963 geboren worden, aber der zuständige Beamte hat als Datum den 1. Januar 1964 in die Geburtsurkunde eingetragen. In Anatolien herrschen im Winter teilweise sibirische Verhältnisse mit enormer Kälte und bis zu einhalb Meter hohem Schnee. Ehe man sich früher auf den Weg machte, die nächste Gemeinde oder das nächste Dorf aufzusuchen, konnten Wochen, sogar Monate vergehen. Um die Wintermonate zu überstehen, arbeiteten die Menschen im Vorfeld mindestens fünf Monate: Schließlich galt es, sich einen Vorrat an Nahrung für den Winter anzulegen. Mit dem, was man gesammelt, getrocknet, eingelegt und gespeichert hatte, musste man die nächsten sieben Monate zu überleben lernen.

Damals war Çiçektepe eine 500-Seelen-Gemeinde mit ungefähr 70 schlichten Häusern. Die Menschen lebten in sehr einfachen Verhältnissen. Kâni Cetinsoy erinnert sich lächelnd, dass er früher häufig zum Sündenbock im Dorf gemacht wurde. In 99 % der Fälle war er zwar nicht der Übeltäter, doch wenn es einmal so befunden worden war, dann blieb es

auch so. Heute, so weiß er, zählt man in seinem Heimatort nur noch um die 50 Bewohner.

Vater Cetinsoy ging bereits in den 1960er-Jahren als Arbeiter nach Deutschland, um dort besser für seine große Familie den Unterhalt verdienen zu können. Seine Frau folgte ihrem Mann und ihrem jüngsten Sohn im Jahre 1973. So blieben Kâni und sein ältester Bruder bei ihren Großeltern in Çiçektepe zurück. Als der Älteste heiratete und seine eigene Familie gründete, drängte Kâni seinen kurz vor der Rückreise nach Deutschland stehenden Vater zu einer schwerwiegenden Entscheidung: „Nimm mich mit – ich will mit zu Euch nach Deutschland!" Das war im August 1979. Ohne Koffer, in Jeans und weißer Jacke drängte sich der Junge in den Minibus nach Istanbul und wäre niemals wieder ausgestiegen. Bei Verwandten unterkommend, wurden in Istanbul innerhalb von 14 Tagen „die Papiere" erledigt. Wie sich zufällig herausstellte, geschah dies buchstäblich „in letzter Minute", denn ab dem 16. Lebensjahr wäre laut deutsch-türkischer Gesetzeslage eine Familienzusammenführung wesentlich schwieriger verlaufen, erläutert Kâni Cetinsoy. Genau erinnern kann er sich noch heute an das erste deutsche Wort, dessen Bedeutung er vor seiner Ankunft in Berlin von seinem Koranlehrer erfragte: Es war „Gott".

Berliner Boden betrat Kâni erstmals am 24. August 1979, ein Tag, den er nie vergessen wird. Auf einmal fand er sich in einer für seine Verhältnisse riesigen fremden Stadt wieder, mit scheinbar unendlichen Straßenzügen, Häuserfronten, Autos und sich darin tummelnden und strömenden Menschenmassen. Schon bald begann er, seine Großeltern zu vermissen, die ihm in dieser vollkommen neuen Lebenssituation keine Hilfestellung mehr geben konnten. Es verging mindestens ein Jahr, so überschlägt Kâni rückblickend den Zeitraum, bis er einigermaßen mit den neuen Bedingungen klarzukommen lernte. Die neue Sprache war sein größtes Hindernis.

Auf dem Arbeitsamt sagte man Kâni Cetinsoy, dass es Arbeit für ihn gäbe, aber dass diese Arbeit weit entfernt, auf einer Insel, auf der Pfaueninsel sei. In seiner Vorstellungswelt erstand plötzlich die Romanfigur des Huckleberry Finn. Diese Abenteuergeschichte hatte den Jungen einst beeindruckt und löste in ihm den Wunsch aus, unbedingt Erfahrungen mit einer Insel machen zu wollen – hatte er doch zuvor noch nie eine selbige betreten. Am 14. März 1983 war es soweit. Kâni setzte erstmalig seine Füße nach der Fährüberfahrt auf Inselboden und in das Büro von Herrn Professor Seiler, welches sich damals am Hafen im Fährhaus befand. Professor Seiler, der damalige Parkleiter der Pfaueninsel, wurde ihm von Stund an ein väterlicher Meister, einer, der ihn auf profunde Weise die landschaftsgartenpflegerischen Aufgaben auf der Insel lehrte und dabei mancherlei forderte, was sein Schützling als ABM-Kraft auch zu bewältigen lernte: im Credo eines Bildhauers der Natur – im Verständnis der zeitgeschichtlichen Vorgänge. Professor Seiler hatte gesehen und gespürt, dass die von Kâni Cetinsoy übernommenen Aufgaben mit Verstand und Liebe gleichermaßen erfüllt wurden. So soll er ihn maßgeblich dabei unterstützt und darin bestärkt haben, eine interne Prüfung abzulegen, die er auch bestand und die ihm den Berufsabschluss als Landschaftsgärtner bescheinigt. Nach fünf weiteren Jahren mit befristeten Arbeitsverträgen erhielt Kâni Cetinsoy im Juli 1987 endlich seine ersehnte Festanstellung.

Arbeiten und Leben auf der Insel ist trotz aller Schönheit und einiger Vorzüge jedoch nicht einfach. Es bedeutet Rückzug von einem gewöhnlichen Leben, in dem man morgens seine Brötchen schlichtweg zu Fuß beim Bäcker holt oder bei gesundheitlichen Beschwerden einen Hausarzt um die Ecke aufsuchen kann. Die Insel zwingt zum Auto, zum Bedenken des alltäglichen Ablaufs, zur Unterrichtung des Fährmanns, der im Dreischichtsystem jederzeit nach Bedarf fährt. Annähernd alles wird bereits auf diese Weise einsehbar, denn die rund 20 Bewohner verteilt auf das Kastellans-, Maschinen- und Schweizerhaus, das Bauernhaus der Meierei und das Kavalierhaus wissen aufgrund dieser Inselbedingungen ganz automatisch voneinander.

Der „Eichenspezialist" vor dem kräftigen Stamm einer Platane in Gesellschaft von Pfauen. Vorwiegend alte Traubeneichen (Quercus patraea) sowie Stieleichen (Quercus robur) prägen das Parkbild der Insel. Aus den Eicheln der Bäume zog Kâni Jungeichen in der Baumschule heran und pflanzte sie an den Standorten der Alteichen nach.

Kâni mit seiner Ehefrau Beate und seiner Tochter Siniye (Zinnie) an ihrem Lieblingsplatz auf der Pfaueninsel. Sie lernten sich 1989 bei der Wiederherstellung des Lenné'schen Rosengartens kennen. Hinter ihnen im Stamm der Eiche sind Kânis Arbeitsgeräte sicher untergestellt.

Die fehlende kinderzeitliche Dorfgemeinschaft habe sich in Liebe zur Arbeit gewandelt, erklärt Kâni Cetinsoy. Auf die Bäume, die er vor 30 Jahren pflanzte, kann man inzwischen klettern. Er wacht über sie, begleitet sie, erfreut sich an ihnen und hofft, dass sie bis in das nächste Jahrhundert fortbestehen. Sie sind ein Teil seiner Familie geworden, und er spricht beiläufig eine verinnerlichte Lebensweisheit aus: „Ich mach meine Arbeit sehr gern. Vielleicht auch manchmal falsch. Man kann es nicht immer richtig machen. Man sollte seine guten Erfahrungen schätzen und genießen lernen." Die darauffolgende Stille tut gut.

Auf einem langen Gang über die Insel scheint es, als sei ihm jeder Baum bewusst, jede Silhouette geläufig – auch nachts. Baumruinen bilden Tierwesen – eine wird zum klagenden Bär um Mitternacht, stark in der Wirkung gegen Inselsaum und Havel. Torso ist der Begriff für diese Baumruinen. Ein Torso ist ein Zeitzeuge.

Als Vorarbeiter leitete Kâni Cetinsoy aufgrund seiner steten Zuverlässigkeit, seines hohen Verantwortungsbewusstseins, seiner im Lenné'schen Rosengarten erworbenen Spezialisierung für Gehölzpflanzungen sowie seiner Erfahrung bei der Entwicklung des Eichennachwuchses auf der Pfaueninsel Lehrlinge und Saisonarbeiter an, doch das ging nur eine Weile gut. Als stark emotional reagierender Mensch wurde es ihm auf Dauer zu viel, er arbeitet lieber allein. Diese Selbsterkenntnis fühlt sich auf gemeinsamen Erkundungsgängen mit Kâni wahr und plausibel an. Er wohnt und wirkt in einer Umgebung von maximal 1,5 km Länge und 600 m Breite, auf 67 Hektar – nicht mehr und nicht weniger – mit einer Handvoll Freiheit, die genau auf dieser Insel Platz gefunden hat. Das Wasser trägt, der Himmel spendet Licht und Bäume schlagen hier Wurzeln.

Sein Dorf der Kindheit, die dort empfundene menschliche Wärme, der ganz andere Geschmack der Dinge, all dies verschmilzt zu einer Sehnsucht, andere Menschen in seine Arme schließen zu wollen, einander wirklich nahe zu sein. Die Sehnsucht wird bleiben. Und die Zukunft? Die Zukunft hält sich in der Regel alles offen. Kâni Cetinsoy ist zufrieden mit seinem Leben hier. Wenn nichts Unvorhergesehenes geschieht, wird er mit seiner Familie auf der grünen Insel bleiben, denn die Schöpfung sei die Natur und er sieht sich als einen Teil von ihr.

Nachwort

Das Hofgärtnerhaus im Babelsberger Park

Das Hofgärtnerhaus im Babelsberger Park ist seit mehreren Jahren ein sich selbst überlassenes Baudenkmal und wurde auf diese Weise zu einem unfreiwilligen Mahnmal. In Verbindung mit den vorangegangenen, lebendigen Geschichten der anderen historischen Gebäude mit Denkmalstatus samt ihrer Bewohner in den Schlösser- und Gartenanlagen dient es an dieser Stelle des Nachwortes als Stellvertreter. Ein Repräsentant all jener Häuser, deren Schicksal sich ähnlich verhält. Es wäre ein unvollkommenes Bild, würden diese Häuser nicht zumindest einmal Erwähnung finden: Sie gehören dazu, sie sind Teil des Ganzen, ein Teil der Wirklichkeit.

Im Verfallen zeigt das Hofgärtnerhaus Charakter. In den Räumen verfliegen die Zeiten gleichermaßen wie sie stillstehen. Der Verzicht einer Nutzung der Räumlichkeiten evoziert den Abstand zur Welt. Erinnerungen verlieren sich: Wie waren die Räume des Erd- und Obergeschosses aufgeteilt und eingerichtet? Auf welcher Art von Herd wurde gekocht? Wo stand die Esstafel? Welche Stelle war dem Schreibtisch vorbehalten? Wie viele Kinder durften in diesem Cottage aufwachsen und spielten in jener stillen Abgeschiedenheit? Wo legte man sich zur Ruhe? Und wer stand hin und wieder träumend im Sonnenlicht des Erkers? So manch verbliebene Gardine weht steif und das einflutende Sonnenlicht kreist Muster auf die Dielen.

Überbleibsel, Rückstände: Eine Schreibmaschine. Vereinzelte Stühle. Ein paar Blumengirlanden über der Gardinenleiste einst im elastischen Schwung gewunden, inzwischen starr getrocknet. Eine Berührung wirbelt Staub auf.
Um ein Denkmal zu sein – dazu reichen nicht allein erkennbare Eigenschaften der noch vorhandenen materiellen Substanz aus. Zum Denkmal

wird ein Gebäude, wenn es gesellschaftlich wahrgenommen wird. Seine Bedeutung gewinnt es aufgrund der fachlichen Deutung und Erklärung. Auf diese Weise werden dem historischen Objekt seine Denkmaleigenschaften zugewiesen. Baudenkmäler sind Kulturgüter, Kunstwerke, welche über frühere Kulturen und ihre Gepflogenheiten Auskünfte erteilen. Dem Denkmalpflegegesetz folgend leitete sich ein Auftrag der Bewahrung, Erforschung und Vermittlung ab, welcher in der Satzung der Stiftung Preußische Schlösser und Gärten Berlin-Brandenburg zum Ausdruck gebracht wird. Die historischen Gebäude der Potsdamer Anlagen sind mehr als attraktive Liegenschaften – sie sind unser Kulturgut.

Was wird dem Hofgärtnerhaus künftig widerfahren? In seinen Bann zieht uns dieser Tage der magisch erscheinende Widerspruch seines Schwebe- und Zwitterzustands in fühlbarer Vergänglichkeit und vollkommener Schönheit.

Personen- und Sachverzeichnis

Akademie für Staats- und Rechtswissenschaft „Walter Ulbricht“
Ab 1953 als Deutsche Akademie für Staats- und Rechtswissenschaft, ab 1973 als Akademie für Staats- und Rechtswissenschaft „Walter Ulbricht“ nutzte sie bis 1989 verschiedene neu errichtete Gebäude in der unmittelbaren Babelsberger Schlossumgebung.

DEFA
Die Deutsche Film Aktiengesellschaft war ein volkseigenes Filmunternehmen der DDR mit Sitz in Potsdam-Babelsberg.

Deutsche Hochschule für Filmkunst
beanspruchte von ihrer Gründung 1954 bis 1963 Räume im Schloss Babelsberg.

FDJ
Freie Deutsche Jugend, sozialistische Jugendorganisation in der DDR.

Friedrich II., auch Friedrich der Große oder der Alte Fritz genannt (1712–1786)
König von Preußen.

Friedrich Wilhelm von Brandenburg, auch der Große Kurfürst genannt (1620–1688)
Herzog in Preußen.

Friedrich Wilhelm II. (1744 – 1797)
König von Preußen.

Friedrich Wilhelm IV. (1795 – 1861)
König von Preußen.

Hesse, Ludwig Ferdinand (1795 –1876)
Deutscher Baumeister, Hofarchitekt und Maler.

Kastellan
bezeichnet den Aufseher bzw. den Hausmeister von Burgen und Schlössern. Ein Kastellan der SPSG betreut heute „sein Schloss“ als Ansprechpartner für Bau- und Restaurierungsmaßnahmen, für den Bereich des Besucherverkehrs mit fachlicher und organisatorischer Obhut der Führungen, und zeigt sich für die gesamte kulturelle Präsentation, im Sinne eines Museumsleiters, verantwortlich. Bis 1989 war der Studiengang Museologie an den Fachhochschulen Berlin und Leipzig stärker auf das Profil eines Museumsleiters ausgerichtet. Im Unterschied dazu legt man heute den besonderen Schwerpunkt auf das Kulturmanagement. Die vorherige Ausbildung (Ethnografie, Volkskunde oder Sammlungsverwaltung) bildete die ideale Voraussetzung, einen Aufstieg zum Kastellan, zum Depotverwalter oder eine Stelle im Museumspädagogischen Bereich zu erlangen. So erhielt damals eine ganze Reihe von Interessierten eine Chance, denen der Weg zum Studium der Kunstgeschichte an den Universitäten versperrt geblieben war. Auch fachferne Kollegen stellte man bei entsprechender Eignung für die Dienstposition des Kastellans ein. Momentan arbeiten für die SPSG 16 Kastellane. Der Begriff wurde erst nach den gesellschaftlichen Veränderungen nach 1989 wieder verwendet.

KGB
Geheimdienst der Sowjetunion (1954 – 1991).

KPM
Königliche Porzellanmanufaktur Berlin, Friedrich II. gab ihr 1763 den Namen und das kobaltblaue Zepter als Zeichen.

Kustos
meint Wächter, Aufseher, Hüter einer musealen Sammlung. In der SPSG sind Kustoden für die wissenschaftliche Erforschung, Veröffentlichung und Erhaltung der jeweiligen Sammlung verantwortlich. Es gibt folgende Sammlungen: Gemäldesammlung, Skulpturensammlung, Graphische Sammlung/Plankammer, Angewandte Kunst, Inventarisierung Beleuchtungskörper, KPM-Archiv. Diese Sammlungen sind der Abteilung „Schlösser und Sammlungen“ unterstellt. Die insgesamt zwölf Kustoden sind meist Kunsthistoriker. Außerdem gibt es für die Abteilung „Baudenkmalpflege“ sowie für die Abteilung „Gärten, Gartendenkmalpflege“ jeweils vier Kustoden. Die Kustoden der Gartenabteilung sind alle Landschaftsarchitekten. Die Kustoden der Baudenkmalpflege sind entweder Kunsthistoriker oder Architekten. Der Begriff wurde erst nach den gesellschaftlichen Veränderungen nach 1989 wieder verwendet.

Lenné, Peter Joseph (1789 – 1866)
Preußischer Gartenkünstler und Landschaftsarchitekt.

LPG
Landwirtschaftliche Produktionsgenossenschaft, juristisch selbstständiger genossenschaftlich-sozialistischer Großbetrieb in der Landwirtschaft der DDR.

Museum für Ur- und Frühgeschichte
Zwischen 1963 und 1991 in Räumen des Babelsberger Schlosses angesiedelt. Ab 1992 waren bis 1999 zunächst wieder sechs Räume für Besucher zugänglich.

Persius, Ludwig (1803 – 1845)
Preußischer Architekt und Denkmalpfleger.

Persius, Reinhold (1835–1912)
Deutscher Architekt.

Pfaueninsel
Der unter Naturschutz gestellte und zum Weltkulturerbe zählende Landschaftspark gehört zur SPSG und befindet sich im Berliner Bereich der Havel.

Plankammer/Graphische Sammlung
Dieser Bereich umfasst mit rund 100.000 Einzelobjekten den umfangreichsten Sammlungsbestand der SPSG. Das Gros machen die Plansammlungen des preußischen Hofmarschallamtes und der Hofgartendirektion aus, deren Aufgabe die Pflege und Erhaltung der Gärten und Bauwerke der preußischen Könige bzw. Kaiser war.

Pückler-Muskau, Hermann Fürst von (1785–1871)
Preußischer Standesherr, Landschaftsarchitekt, Schriftsteller und Weltreisender.

Schinkel, Karl Friedrich (1781–1841)
Bedeutendster Architekt seiner Zeit in Deutschland sowie Baumeister, Stadtplaner, Maler, Grafiker und Bühnenbildner.

Schirrhof
bezeichnet eine Freifläche nebst Gebäude(n), die zum Anspannen von Zugtieren genutzt wurde. Benennt heute einerseits einen eigenen Fachbereich der SPSG unter der Abteilung „Baudenkmalpflege", andererseits auch ein von der SPSG genutztes, ca. 6.000 qm großes Areal. Um 1890 wurde der Schirrhof mit der Schirrkammer von dem Grundstück vor dem Grünen Gitter auf ein ursprünglich recht kleines südliches Areal an der Lennéstraße verlegt und dem Schirrmeister im Haus Nr. 10 eine Wohnung eingerichtet. Neben den Wohnungen gab es Ställe und Werkstätten, die zur Erhaltung des Transportgeschäfts erforderlich waren, also Stellmacher-, Tischler- und evtl. auch Sattler-Werkstattmöglichkeiten. Die Schirrkammer verwaltete unterschiedlichste Geschirre, da es in den Revieren nicht nur Pferde, sondern auch Esel und Maultiere gab. Die Tiere brauchte man für die Bearbeitung der Gartenreviere. Die Einrichtung des heute noch erlebbaren großen Komplexes aus verschiedenen technisch-handwerklichen und restauratorischen Werkstätten, Depots und einem Logistikstützpunkt vollzog sich ab 1967 mit der flächenmäßigen Erweiterung auf dem inzwischen entwidmeten und nicht mehr weiterverpachteten Areal der Melonerie. Damit wuchs auch die betriebsintern „Schirrhof" genannte Fläche, sodass sie bis auf die ehemaligen Hofgärtnerwohnungen und das ehemalige Bananenhaus im Nordteil nun fast die gesamte Fläche der ehemaligen Melonerie umfasst.

SED
Sozialistische Einheitspartei Deutschlands, aus SPD und KPD 1946 in der sowjetischen Besatzungszone hervorgegangene Partei.

SPSG
Stiftung Preußische Schlösser und Gärten Berlin-Brandenburg (s. Geschichtlicher Abriss der Verwaltungen).

Staatliche Schlösser und Gärten
Staatliche Schlösser und Gärten Potsdam-Sanssouci (s. Geschichtlicher Abriss der Verwaltungen).

Stüler, Friedrich August (1800–1865)
Preußischer Baumeister, bedeutendster Berliner Architekt seiner Zeit.

VEB
Volkseigener Betrieb, Rechtsform der Industrie- und Dienstleistungsbetriebe in der DDR.

Zentrale Denkmalliste
Ein Wegweiser für all diejenigen, die sowohl im Denkmalschutz und in der Denkmalpflege als auch der Stadt- und Landschaftsplanung in der DDR tätig waren. Grundlage war das Denkmalpflegegesetz von 1975. Die zentrale Denkmalliste der DDR beinhaltete – neben den Bezirks- und Kreislisten – als priorisierte Liste die wichtigsten Denkmale der DDR aufgrund ihrer nationalen und internationalen Bedeutung. Zuständig waren der Minister für Kultur sowie das Institut für Denkmalpflege unter der Leitung des Generalkonservators.

Generaldirektoren (GD) der Schlösser und Gärten seit 1945
Prof. Dr. Willy Kurth (1946–1956 Direktor, 1956–1963 Generaldirektor)
Prof. Dr. Wolf Schubert (1964–1967)
Heinz Kästner (stellv. GD, amtierender GD 1967)
Jochen Mückenberger (1967–1990)
Prof. Dr. Hans-Joachim Giersberg (1991–1995 kommissarischer GD, 1995–2001 amtierender GD)
Prof. Dr. Hartmut Dorgerloh (seit 2002)

Geschichtlicher Abriss der Verwaltungen
- Das Königshaus Hohenzollern und der preußische Staat befanden sich in Vermögensauseinandersetzungen (1918–1927)
- Verwaltung der Staatlichen Schlösser und Gärten (1927–1945)
- Staatliche Schlösser und Gärten Potsdam-Sanssouci (1947–1990)
- Stiftung Schlösser und Gärten Potsdam-Sanssouci (01/1991–12/1994)
- Stiftung Preußische Schlösser und Gärten Berlin-Brandenburg – SPSG (seit 1995)

Danksagung

Unser besonderer Dank gilt – neben unseren Porträtpartnern – Dr. Jürgen Becher (Leiter des Dokumentations- und Informationszentrums der Stiftung Preußische Schlösser und Gärten) für seine Förderung des Projektes sowie Matthias Gärtner (Kustos Graphische Sammlung), Gerd Schurig (Kustos Gartendenkmalpflege), Dr. Heinz Schönemann (Kunsthistoriker) und Saskia Hüneke (Sammlungskustodin Skulpturen) für geduldig erteilte Auskünfte, erhellende Gespräche und freundliche Aufnahme.

Wir danken unserem Verlag, insbesondere Lars Pietzschmann für seine erfahrene Projektleitung und Anke Hennek für das Lektorat.

Weiterhin bedanken wir uns bei der Stiftung Mitteldeutscher Kulturrat für die finanzielle Unterstützung in Form eines Druckkostenzuschusses.

Danken möchten wir zudem Dr. jur. Anke Nordemann-Schiffel (Boehmert & Boehmert) für die anwaltliche Beratung sowie Aron Kiesow für die Optimierung der Bilder für den Druck.

Inniger Dank gilt Volker Gustedt, Jutta Kümmel, Norbert Leisegang und Orsino Rohm.

Impressum

Mit Unterstützung der Stiftung Mitteldeutscher Kulturrat, Bonn

© h.f.ullmann publishing GmbH

Texte: Francisca Drechsler
Fotos: © Stiftung Preußische Schlösser und Gärten Berlin-Brandenburg / Barbara Rohm
© VG Bildkunst, Bonn 2014 für die Werke von Uwe Pfeifer (S. 96) und Theo Balden (S. 102)

Projektleitung: Lars Pietzschmann
Layout: druckwerkstatth. Eggert
Lektorat: All you can read – Kreativ-Agentur Anke Hennek

Gesamtherstellung: h.f.ullmann publishing GmbH, Potsdam
Printed in Germany, 2014

ISBN 978-3-8480-0760-8

10 9 8 7 6 5 4 3 2 1
X IX VIII VII VI V IV III II I

www.ullmann-publishing.com
newsletter@ullmann-publishing.com
facebook.com/hfullmann
twitter.com/hfullmann

FSC www.fsc.org
MIX
Papier aus verantwortungsvollen Quellen
FSC® C081629

Friedrich/Bohm

Privat

Drs
Schönemann

Jacob/Lange

Uta Scholz

5